社長の数字力が会社を鍛える

社長の「闘う財務」ノート

東京メトロポリタン税理士法人 代表
北岡修一

プレジデント社

まえがき

本書を手にとられた皆様の会社は儲かっているだろうか。決算は黒字だろうか。

日本の会社の70％は赤字と言われている。国税庁の発表でも2012年3月期までの1年間の統計で、全法人のうち72.3％が欠損法人となっている。

なかには休眠会社や整理中の会社などもあるだろうから、まともにやっている会社の赤字割合はこれほど高いとは思わないが、それでも6割程度の会社は赤字ではないだろうかと感じている。

国税庁が発表する法人数は258万社であり、そのうちの99％が資本金1億円以下の中小企業である。したがって、この赤字割合はそのまま中小・零細企業の赤字割合と言ってもいい。優に半分を超える中小企業が、赤字や借金に苦しんでいるのである。

なぜ、このようなことになったのだろうか？

景気や円高や産業構造の変化など、外部要因もあるだろう。

しかし、バブル最盛期の平成初期の頃でも50％近くの会社は赤字だったのである。決して景気のせいで、これだけの会社が赤字になっているわけではないのだ。

誤解を恐れずに言えば、これは経営者の意識、考え方の問題だと思っている。

「何が何でも黒字にする」「利益を出して、いい会社にしていく」という意識が欠如し、黒字にするために、あるいはいい会社にするためにどうしたらよいのだろうか、ということをトコトン考えずに、時代や景気の流れに流されてしまっている経営者が多いのではないだろうか？

税理士として30年間、中小企業経営者を見てきて、本当にそう思う。そして、業績の上がらない中小企業経営者の最もよくないところは、数字に真剣に向き合っていない、ということだ。数字を信じていない、数字の力を信じていないのである。

特に、私どもが関わっている会計に対して、「会計の数字は過去の数字。それをどうこう言ってもしょうがない。大事なのはこれからだ」と言って、まともに取り合おうとしない。

過去やってきたことが、数字でどう現われているのかを検証もしないで、やみくもに突き進んでいくだけだから、また同じことの繰り返し。いつまでたっても業績は上がらないのである。

また、数字で検証しようにもきちんとした「会計のしくみ」を導入していないので、トンチンカンな数字が、トンデモナイ時期に出てくるので、活用のしようがない。さらには、経費には経営者の私的な費用が含まれていたり、決算になると何とかして体裁のいい数字をつくってしまうので、数字の活用どころの話ではなくなってくる。

これが中小企業・零細企業の経営の現場なのである。もちろん、このような会社ばかりではない。一生懸命まじめにやっている会社も多い。ただし、こと数字に対する意識となると、資金繰りを除いては、意識が低い会社が多いと言わざるを得ないのである。

私は、中小企業経営者に、数字の重要性、会計の大切さに気づいてほしいと、心から願っている。そのことに気がつくだけで、会社が黒字になる確率は格段に高まる。さらにそれを真剣に、まじめに、具体的に取り組むことにより、黒字は確実になってくるのである。

そこで大事なのは、経営者の闘う心、闘争心である。数字の追及にも闘争心が必要なのである。自分に負けない闘争心があってこそ、初めて数字は上がってくるのだ。

世の中では今後、「消費税８％」時代の経営という言葉が、テレビ、新聞、雑誌などのマスコミを賑わすだろう。私は、中小企業経営者に言いたい。「そのような言葉に惑わされてはいけない」と。

本書で私が熱く語らせていただいたことをしっかりと実践すれば、〝消費税８％〟になろうが、〝10%〟になろうが、経営は不動の強さを発揮するはずだ。やはり、問題は、経営者の闘う心なのである。

私は、京セラ創業者であり日本航空を再生した稲盛和夫《いなもりかずお》氏が主宰する「盛和塾」で経営を学ばせていただいている。稲盛塾長が掲げる「経営の原点12ヶ条」には「燃える闘魂」という項目があり、まさにこの気概こそが中小企業経営者に今最も必要であると共鳴し、本書のタイトルに「闘う財務」と付けさせていただいた。

ぜひ、本書が数字や会計の重要性に気づくきっかけとなり、皆様の会社が強く、儲かる、そして未来永劫継続していく存在となっていただけたら本望である。

2013年9月

北岡修一

第1章 利益を上げてこそ、会社は初めて会社になる！ ➡017

①「いい会社」とは、社員の幸せを一番に追求する会社だ。会社の経営理念には、お客様の幸せを一番に考える理念が多い。しかし、「いい会社」にしていくのはお客様ではなく社員だ。社員が幸せであればこそ、お客様に尽くすことができるのだ。➡018

②社長は闘う意識で、「何が何でも利益を上げなければならない」。会社が利益を上げるには、「いかに、売上を上げるか」と「いかに、経費をかけないか」、この２つのことを徹底的に考えることだ。➡023

③自社が世の中の役に立っているかどうかは数字で判断せよ！ ➡028

④〈利益剰余金＝内部留保〉の蓄積こそが、潰れにくい会社、強い会社をつくる！ ➡030

⑤業績アップしたいのであれば、毎月、毎週、毎日の計画や目標、結果を数字で確認し、次の計画や行動に活かすことが重要だ！ ➡033

⑥経営者があきらめない限り、黒字になる可能性が残っている。必要

なのは、経営者の闘争心だ！ ➡035

⑦「儲ける」と「儲かる」の違いを知ろう！「儲ける」とは、つどのアクション。「儲かる」とは、そのつど「儲ける」から結果として「儲かる」仕組みをつくっていくこと。➡037

⑧儲けるは「欲」、儲かるは「道」。➡039

⑨値決めとは、社長最大の役割だ。〈原価＋自社の利益〉という単純な計算式では求められない。もっとお客様や市場を知り、研究する必要があるのだ。値決めは、会社の将来をも左右する重要な問題だ。➡043

⑩経営者は闘争心を持って、絶対に利益を出す商売をすべきだ！ ➡046

第2章 利益はこうして上げよ！ ➡049

⑪会社をよくしたければ、経費の公私混同を廃し、会計をよくすることだ。経営者が覚悟を決めて公私混同を廃さなければ、会社の将来はない！ ➡050

⑫どんな業種であれ、経常利益率10％以上を目指すべき。仕入と経費を見直すだけでも、道は開ける。➡054

⑬「ほしいもの」と「必要なもの」。経費は本当に「必要なもの」だけに使わなければならない。➡058

⑭数字は1円単位まで、とことんこだわる。1円を軽視する経営者は、1円に泣くと心せよ！➡060

⑮売上が伸びているときにすべきことは、節税に走ることではなく、経費節制である。高収益会社になれるかどうかは、そこにかかっている。➡062

⑯不況のときこそ経営者の闘争心が問われる。安易にリストラを断行していないだろうか？ 真にやるべきことは、リストラなんかじゃない。減らすものは、社員ではなくコストだ。最後まで社員を守る経営者であれ！➡064

⑰中小企業は価格戦略を間違えてはいけない。➡067

⑱単位当たりの付加価値を徹底的に追求してほしい。「1億円の利益を上げた」というだけでは、その数字が表す真実は見えてこないからだ。➡069

⑲「いつまでも赤字のままでいい」なんて部門は存在しない。全部門を黒字化するために、経営者は闘わなければならない。➡072

⑳閑散期に赤字になってしまう業種はある。それでも、毎月黒字化することを目指してもらいたい。季節変動に負けない会社は、工夫次第でつくれるからだ。➡074

㉑どうしても赤字になってしまったとき、操作をして黒字にしようとしてはいけない。嘘をつくことは信用を失うことにつながる。ごまかさずに赤字にしたら、あとはそこから上がっていけばいい。全社一丸となって闘えば、赤字は必ずリカバリーできる。➡078

第3章 計画はこうして達成せよ！➡081

㉒信念のない目標に、社員は共感できない。だから年度計画には、経営者の想いを込める。➡082

㉓少しでも状況が悪くなると、年度計画を下方修正してしまいたくなるが、それでも絶対に達成すべく努力を尽くす。最後の一人になっても、経営者はあきらめてはいけない。経営者よ、闘え！➡085

㉔1日、1週間、1ヵ月と、小さな目標を立て、1つずつ力を出し切って達成していけば、大きな目標に必ずたどり着ける。➡088

㉕毎日の数字を把握するために、日計表を活用しよう。毎日の数字のチェックを侮ってはいけない。経営は日々の利益の積み重ねで成り立

っているのだから。➡091

㉖目標は、掲げているだけでは意味がない。達成するためにどうすればいいか真剣に考え、今すぐ行動を起こせ！ ➡094

㉗売上目標を即答できない社員が、その目標を達成することは不可能である。➡097

㉘中小企業は中期・長期計画を立てる前に、単年度計画を達成させることに注力すべきだ。➡100

㉙どんなに心が強い経営者でも、くじけてしまいそうな、あきらめてしまいそうな気持ちになるときがある。それでももう一度、「頑張ろう」と思える、自分を励ます言葉、勇気をもらえる言葉を持っていたい。➡102

第4章 キャッシュはこうして増やせ！ ➡105

㉚町の八百屋のような現金商売を目指すこと。それが「いい会社」になるための近道だ！ ➡106

㉛現預金の目安は、2つ。通常支出額2ヵ月分以上か、月商の1.5ヵ月分以上。経営者として最低限はクリアしたい数字だ。➡109

㉜回収なくして、売上なし！ 早期回収のために、経営者は闘う決断をせよ！ ➡111

㉝売掛金の年齢を調査し、4ステップで確実な早期回収を実現しよう。ただ待っていても入金は早まらないものだ。回収の仕組みをつくって、こちらからアプローチをかけていこう。資金繰りの好転は、早期回収から始まる。➡114

㉞電話一本を徹底するだけで、貸し倒れは防ぐことができる。➡120

㉟借入金は「テコの原理」と同じで、十分な効果が期待できるときにするのが理想だ。返済時の苦労を想像し、安易な借入れは控えよう。➡123

㊱借入金は、「いくらまで借りられるか？」ではなく、「いくら返せるか？」を考えるべきだ。➡125

㊲資金を寝かせないためには、売掛金・在庫・固定資産をとにかく減らせ！ ➡127

㊳「持たない経営」を徹底する会社が、唯一持ち続けたもの。それが、「目に見えない資産」である。➡129

㊴減価償却費は、お金が出る時期と経費になる時期が異なる。この特

殊性を理解したうえで経営することが、資金の流れをよくすることにつながる。➡131

㊵余裕のある経営は、1日にしてならず。確実に内部留保を貯めていくこと、バランスシートを見直してキャッシュを増やしていくこと。2つの「コツ、コツ」を続けて「ダム式経営」を目指そう。➡135

㊶資金調達の方法は、千差万別。銀行借入だけしかない、という常識に囚われてはいけない。「お金がない」と嘆く前に、全力で知恵を絞れ! 闘い続けた経営者だけに、成長のヒントは与えられる。➡138

第5章 会社はこうして継続させよ! ➡143

㊷税金を払わないと内部留保は貯まらない。➡144

㊸税金を払って強い会社にするためには、資金繰りの改善を徹底するしかない。徹底していけば、必ずキャッシュが残るようになる。➡148

㊹「ムダな税金」を払ってはいけない。税法を吟味し、会社経営と照らし合わせた節税を行おう。会社の発展を後押しする「いい節税」を実行し、「悪い節税」には手を出してはいけない。➡152

㊺最も重要な経営指標、それが「自己資本比率」だ。この率を高める

ためには、B／S、P／Lともによくしなければならない。➡156

㊻「何からすればいいのか?」と悩むのであれば、とにかく自己資本比率をよくすることを考えてほしい。「自己資本比率一本経営」で、資金繰りは楽にできるのだ。➡159

㊼経営とは、石垣である。小さな売上、小さな商売もないと、成り立たないものなのだ。➡162

㊽ROAは、会社の総合力を計る指標。利益率を追求し、資産を活用し切る経営をすれば、数字は自ずとよくなっていくはずだ。➡164

㊾どんなときでも、やるべきことをやる。事業がうまくいかない時期も、資金繰りがしんどい時期も、ごまかさず、愚直にやるべきことをきちんとやる。逃げずに辛抱強く続けていくことができるからこそ、すばらしい会社になることができるのだ。➡167

㊿一度の赤字で、銀行から借りられなくなることはない。本気の黒字化計画を立て、正直に銀行に相談しに行けばいい。➡171

51溜まった膿は、出してしまうと自然に治っていく。人間も会社も同じである。悪いところをすべて出し切れば、あとはよくなっていくだけだ。➡174

52「余裕ができたら貯めればいい」では、いつまで経っても余裕資金は貯まらない。余裕がなくても少しずつ貯めていく努力をしよう。➡177

第6章 社員はこうして幸せにする！➡179

53会社は続けていくことに、最大の価値がある。だから、利益は他でもない「会社自身」に第一に配分する。会社を大事にしていけば、社員も経営者も守ってくれる。立派な会社に育てることが、皆の幸せを保証するのだ。➡180

54本気で「お金を稼ぎたい」と思っている経営者というのは、毎日の数字のチェックを絶対におろそかにしない。「いい欲」を内に秘め、闘い続けているだろう。➡184

55会社の数字をすべて公開することは、社員を信頼することである。➡187

56社長と社員に信頼関係があればあるほど、その会社は儲かる会社だ。両者が「信ずる者同士」でなくして、儲かることはない。➡190

57数字の飛び交わない会議に、意味はない。ありとあらゆるものを数字化できて初めて、会社は強くなれる。➡193

㊽月次業績会議で大切なのは、過去の反省よりも、「これからどうするか?」を数字と行動で表すことだ。部署ごとに報告を徹底することで、業績は必ずよくなる。➡195

㊾少数精鋭にすることで、利益率を上げ、社員の成長も促せる! ➡198

㊿会社は大きくなると潰れやすくなるものだ。もし本当に大きくしたいのであれば、明確な理由を持ち、しっかりとした運営の仕組みをつくる。そして何より、人を育てることだ。核となる人を何人も育てて、芯が強くて大きな会社に、ゆっくりなっていけばいい。➡200

61中小企業も、社員のために退職金制度をきちんと整えよう。きついかもしれないが、会社を支えてくれる人たちを大事にする。それもまた、経営者がすべき任務である。➡203

第7章 経営者の資質を高めよ! ➡207

62「うちの会社は大丈夫だ」と、自信満々な経営者が必ずしも成功するとは限らない。「赤字になるかもしれない」と不安を持つ経営者は、赤字にならないよう必死に努力を重ねていく。経営者は心配性で臆病なくらいのほうがいい。➡208

63B/Sは、シンプルに、5勘定のみ。P/Lは、頻繁に使うからこそ科

目を増やして細かく。それぞれ使い方に応じたものをつくりたい。➡212

64社長は経理に遠慮してはいけない。気になる数字はリクエストして出してもらおう。➡216

65バランスシートは事業経営の結果ではなく、経営者の意思でつくり上げる。➡218

66「経営者の器の大きさ」は、会計に真っ先に表れる。➡222

67数字は嘘をつかない正直者。だからこそ、数字を信じられる経営者だけが、数字が伝える真実を正面から受け止められる経営者だけが、会社を伸ばすことができるのだ。➡224

68B／S発想ができるのは、儲かる人。P／L発想しかできないのは、儲からない人。キャッシュフローを瞬時に考えて、儲かる人になろう。➡229

69会社を成長させられるのは、個人ではなく、組織として事業をしていく信念がある経営者だ。➡232

70会計にも理念がある。その理念のもとに、経営者は行動を起こし、闘い続けなければならない。強くて立派な会社にするために、会計理念を持って経営をしていこう。➡235

第１章

利益を上げてこそ、会社は初めて会社になる！

①「いい会社」とは、社員の幸せを一番に追求する会社だ。
会社の経営理念には、お客様の幸せを一番に考える理念が多い。
しかし、「いい会社」にしていくのはお客様ではなく社員だ。
社員が幸せであればこそ、お客様に尽くすことができるのだ。

私の事務所では2000年から毎月、ニュースレターを発行している。顧問先や親しい経営者に発送しているが、そのニュースレターのタイトルは「いい会社にしよう！」というありきたりなものだ。いろいろカッコいいタイトルも考えたが、直球で顧問先に伝えたい言葉にした。結構、反応はいいようだ。

「いい会社」とはどんな会社だろうか？

それは、「この会社が存在する目的は何だろうか」ということの中にあると思う。その目的が達成できている、実現しつつある会社こそが、いい会社ではないだろうか。

会社の目的とは何だろうか？

「このすばらしい商品・製品を世に広めたい」「こういうサービスを提供して地域の人々を喜ばせたい」など、会社によってさまざまだろう。

私の事務所の顧問先で考えると、地域のお年寄りに心温まる介護を提供することで、幸せになってもらいたい（訪問介護会社）とか、先鋭的な映像作品をつくることで、世界に向けてムーブメントを発信する（映像制作会社）などがある。

場合によっては、とにかく儲けたい、お金持ちになりたいというストレートな願望から会社を設立した人もいるはずだ。どんな目的であれ、その想いが強ければ強いほど、会社が成長し発展していくのは間違いない。

私は税理士として、さまざまな会社を長期間にわたり見てきたので事実として断言できる。先にあげた２社も、まさにその目的に邁進してきたことにより、今ではすばらしい会社に成長している。

「絶対にこうするんだ」という目的もなく、社員に会社の将来像を熱く語るようなこともない、想いのない経営者では会社の発展は見込めないのである。

創業当初の動機はどうであれ、ある程度会社が成長し、発展する。その発展とともに社員が増え、さらに会社を成長発展させていこうと思えば、会社にはある目的が必要不可欠になる。それは、「自分の会社にいる社員の幸せを追求する」ということである。

会社の数だけさまざまな事業目的はあるが、ものを売ったり、サービスを提供したりするのは、みな社員がすることだ。その社員が、自分の仕事の意義をしっかりと理解し、一生懸命仕事に取り組まなければ、会社の事業はうまくいくはずがない。いい加減な態度で仕事をしていたのでは、当然ながらお客様はどんどん離れていく。

会社の目的とする事業は、社員の考え方、取り組み方で、その成否が決まるのである。成長を続けている会社は、社員たちの表情も明るく、活気が感じられる。活気のある社内からは、いいアイデアもたくさん生まれるし、誰もが全力で仕事に取り組んでいることが伺える。「事業は人なり」というが、まさに社員こそが会社を発展させる原動力なのだ。

だからこそ、経営者は社員を大事にするとともに、厳しく鍛える必要がある。そのためには、社員全員が会社の目的、存在意義に共鳴していることが重要になる。

そうであればこそ、会社の目的、存在意義の一番にくるのは、「社員の幸せを追求する」ことではないだろうか。社員全員の幸せを追求することが会社一番の目的であれば、社員は自分たちが幸せになるために仕事をするわけである。当然、一生懸命頑張ってくれるはずだ。

さまざまな会社の経営理念を見ると、「お客様第一主義」など、お客様が一番にくる理念が実に多い。まさにそのとおりなのだが、しかしそれを実行するのは社員である。だからこそ、私は社員の幸せが一番にきていいのではないかと思うのだ。

では、社員の幸せとは何だろうか？

それは、物心両面があるだろう。「物」はすなわち、経済的な面。まずは安心して暮らせる給与が滞りなく払われることである。経済的な安定がなく、意義や夢だけがあっても生活はしていけないし、本当に幸せになることはできないだろう。

次に「心」だが、それは仕事に誇りを持てることだ。自分の仕事が世の中の役に立ち、お客様が喜んでくれることへの実感が誇りにつながる。お客様から褒められたとか、世の中の人々が感謝していることを、感じられることが重要なのである。

さらには、信頼できる仲間と仕事ができることだ。切磋琢磨しながら自分を少しでも高めていくことができる職場。そのような職場をつくっていくことが、社員の幸せにつながるのだと思う。そんな職場こそ、「いい会社」なのではないだろうか。

②社長は闘う意識で、「何が何でも利益を上げなければならない」。会社が利益を上げるには、「いかに、売上を上げるか」と「いかに、経費をかけないか」、この２つのことを徹底的に考えることだ。

本書の書名には、「闘う」という激しい言葉を使っている。「闘う」という言葉を書名に加えたのは、「本気の会社経営をしていただきたい」という、私の想いの現れからである。「会社は、何が何でも利益を上げなければならない」ということを、まずは心にしっかりと刻んでいただきたい。

「会社の目的」について前の項目で触れたが、その目的を達成していくためには、会社を継続していかなければならない。当然のことだろう。

しかし、公的な会社でない限り、誰もあなたの会社の存続を保証してはくれない。自力で生き抜き、何としても継続していかなければならないのだ。

会社の継続の源になるのが、利益である。会社は利益があってこそ、さらにはその資金の裏付けがあってこそ、継続していくことができる。だからこそ、先に触れたように、「会社は何が何でも利益を上げなければならない」ということになる。お客様へのお役立ちも、社員の幸せも、すべては利益があって初めて言えるのだ。

では、会社が利益を上げるためにはどうしたらいいのか。それは、利益の算式を見ればすぐにわかる。

利益　＝　売上　－　経費

この算式に説明を加える必要はまったくないだろう。それくらいに明快である。売上より経費が少なければ、必ず利益が出る。単純な話だ。ここで言う「経費」には、仕入から人件費、そして金利まで、すべての経費が含まれている。それゆえ、利益を上げたければ、次の２つのことを考えればいい。

◎いかに、売上を上げるか
◎いかに、経費をかけないで経営をするか

あまりにも単純で申し訳ない。しかし、物事の真理とは本来、このようにシンプルなものである。

会社経営を始めて数年が経ち、経営が軌道に乗り始めると、どうしても経費をかけすぎてしまう傾向がある。創業当初は資金の余裕がないため、「とにかく少しでも切り詰めなければ」という意識が働き、経費をかけない経営をしていたはずである。

ところが、ふと気づけばオフィスを広いところに引っ越していたり、戦略のないままに多くの社員を採用したり、また最新の機械や設備、備品を購入したり、社長室を個室にしたり、交際接待が多くなっていったりと、あげたらキリがないほどお金をかけすぎる経営をしているのだ。

会社の利益を確保するためには、意識してお金をかけない経営をするべきである。経費をかけないことを強く意識していた創業当初を思い出し、まずその点から見直してみてほしい。

本当に広いオフィスは必要なのか。その前に、整理整頓やスペースの使い方を工夫するべきではないか。多くの社員を採用する前に、仕事の効率化に取り組んでいるのか。社長室を個室にするよりも、社員と同じように大部屋にデスクを置いたほうが、会社全体が見えて全社一丸となれるのではないか。そして、交際接待。この時代に、果たして交際接待で仕事がいくつも決まるのだろうか……。

こうしたかかりすぎている経費を、社長は勇猛果敢にカットすべきである。知らず知らずのうちに継続し、固定化している経費を切り捨てる勇気を持ってほしい。見て見ぬふりをしてかさんでいった経費に、正面から闘いを挑むのだ。

もちろん、必要なもの、重要なものには経費をかけるべきだが、ムダなもの、なくてもいい経費は、毎月あるいは定期的にすべてを見直すことだ。棚卸しと一緒で、定期的に経費の棚卸しをすることで、「ムダな経費を絶対に許さない！」という姿勢を、ハッキリ表していかなければならない。

経営に必要なことは、お金をかけることではなく、知恵を絞ることである。広告宣伝をせずに、どのようにして自社の製品、サービスを拡げていくか。どうやって口コミを生み、広めていくか。これらを日々考えていくことである。

新製品を売り出そうとしたとき、お金をかければ簡単に広告を出すことができる。

しかし、広告を出すと決めてしまったら、出すことを前提にした知恵しか浮かんでこなくなる。それよりも、まずはお金をかけないで何ができるかを必死に考えることだ。お客様に送る商品にチラシを同梱しよう、最初の数ヵ月は無料サンプルなど特典をつけよう、お客様紹介キャンペーンをやろうと、いろいろなアイデアが湧いてくるはずだ。

お金をかけないことの効果は、実は経費を削減するだけに留まらない。さまざまな創意工夫、知恵を働かせられる、という副次的な効果があるのだ。お金をかけないとしたらどうしたらいいのか、それを懸命に考えることで、とんでもないすばらしいアイデアが生まれる可能性がある。

一番いいのは、今いるお客様に一生懸命に尽くして喜んでもらうことだ。実際に自分の会社の商品を使い、サービスを受けてくれているお客様を喜ばせることが、自社の最大の広告になる。

お客様に喜んでいただければ、お客様の口から口コミが生まれる。どこかで話したり、紹介してくれたり、自然と広まっていくはず。お客様が新しいお客様を連れてきてくれるのだ。そのために、どうしたら今いるお客様に喜んでもらえるかと、皆で知恵を働かせて考えていくことである。

弊社の顧問先でも、継続して長く儲けているところは、お客様がお客様を呼んでくる流れができている。お客様も喜び、新しいお客様も増える。これこそ、お金をかけないで最大の効果を得る最強の営業活動である。

③自社が世の中の役に立っているかどうかは数字で判断せよ！

「この会社がなくなったら困る」とお客様に思われれば、その会社は継続していくことが使命になってくる。創業したからには、お客様の役に立ち、ひいては世間のお役に立ちたいというのは、経営者であれば誰もが持つ願望である。

そもそも会社とは、お客様や世間の支持がなければ、存在意義がなくなり潰れてしまう。どの程度お役に立っているかの判断は、会社の売上高に示されていると言っていい。お客様や世間に支持された結果が、売上高の数字に反映されているのだ。

「売上数字だけじゃないよ」と言うかもしれないが、会社経営はボランティアではない。「ありがとう」という言葉をどれだけたくさん集めていても、それが数字に一向に反映されていないようであれば、会社はいずれ潰れる運命にある。数字に出ないような結果では、真にお客様のお役に立っているとは言えないはずだ。

仕事をしてお客様に喜んでいただき、お客様が自らすすんでお金を払ってくださる。それくらいまでお客様に尽くして、初めてお役に立てていると思わなければいけない。

お客様の立場から考えてみると、「この商品を購入すると本当に便利」と実感したり、必要不可欠なものになっている状態だ。ここまで思われると、この商品がなくなったら困るわけである。そこで当然、それに見合ったお金を払いたいと思うはず。それが売上になる。

だからこそ、この項目の冒頭で話した「この会社がなくなったら困る」とお客様に思われれば、その会社は継続していくことが使命になってくるわけである。

お客様のお役に立ち続けていくためには、会社が安定した経営をし続けていかなければならない。そのためには、資金繰りがきちんと回っていかないとダメだ。だからこそ、利益は必要なのである。継続してお客様のお役に立てていけるかどうかは、今度は利益の数字を見ればいいということになる。

売上が上がっても利益が出ていないのでは、今はお役に立てているかもしれないが、未来永劫お客様のお役に立っていくことはできない、ということになる。

数字というのは、明確にそのことを示してくれている。その数字を信じ、数字からのメッセージを素直に正確に受け取り、経営を見直していくようにすることが、「闘う財務」の意図するところなのである。いわば「闘う財務」とは、数字と真剣に向き合い、それと勝負することに他ならないのだ。

④〈利益剰余金＝内部留保〉の蓄積こそが、潰れにくい会社、強い会社をつくる！

「会社を設立してから現在まで、あなたの会社の利益の累積はいくらあるか？」

この問いに、あなたは即答できるだろうか。

これを知るには、貸借対照表の右下、純資産の部の中にある「利益剰余金」を見ればいい。あなたの会社の利益剰余金はいくらあるか。その金額を確認してほしい。

利益剰余金の中には、「利益準備金」や「別途積立金」、そして「繰越利益剰余金」などがある。これらの合計が、利益剰余金であり、根は一緒だ。

この数字は、会社を設立してから今までの利益の累積を示している。正確には、利益から法人税等を支払い、かつ配当金などを支払った後の利益の累積である。いわゆる内部留保した利益の累積ということになる。

改めて、この金額を見てみてほしい。どう思っただろうか。

この金額は、設立してから今までの利益の累積であり、あなたが必死で頑張ってきた結果でもある。この金額を見て、あなたは多いと思うだろうか。それとも、少ないと思うだろうか。「よくやってきた！」と思える額であれば、大変すばらしいことだ。「これからも、さらに頑張っていこう！」と心から思えるだろう。

しかし、「設立から10年以上経っても、たったこれだけの金額しかないのか……」と愕然としてしまう経営者もいるはずだ。「懸命にやってきたはずなのに、ちょっと情けないな」とうちひしがれている暇はない。利益剰余金がなぜ少ないのか、その理由を考えてみてほしい。そこには次のようないくつかの理由が考えられるはずだ。

- ・実際に、ずっとあまり儲かっていなかったのか
- ・それなりに儲かっていたが、いろいろ節税をしたので、内部留保ができなかったのか（これも、儲かっていないということではあるが）
- ・配当金や役員賞与（社外流出）を多くしてきたので、内部留保がないのか

いかがだろうか。いずれにせよ、この〈利益剰余金＝内部留保〉こそが、会社の自己資本を充実させ、いざというときでも潰れにくい、強い会社にしていく源になる。なぜならば、自己資本という返す必要のないお金が増えるからだ。

設立から相当年数が経っているのに、利益剰余金が少なくてちょっと情けないな、寂しいなと思った方、「こんな状況はおかしい！」と真剣に考えたほうがいい。これまで見て見ぬふり

をしていたのであれば、現実から目を逸らさずに危機意識を持つべきだ。もっと自己資本を充実させて、「潰れにくい会社、強い会社にするんだ！」と、心から強く思ってほしい。

そのような気持ちを持つことが、「闘う財務モード」へ切り替わっていくきっかけになるはずである。

⑤業績アップしたいのであれば、毎月、毎週、毎日の計画や目標、結果を数字で確認し、次の計画や行動に活かすことが重要だ!

「会計は、過去の結果を表しているにすぎない」と思っている経営者が実はとても多い。「過去の数字を見てもしょうがない。大事なのはこれからどうするかだ」と考え、会計を重視しない経営者が多すぎるのだ。

この経営者の考えは半分当たっているが、半分は間違っている。確かに、会計は過去の数字を表すものだが、言い換えれば直近の行動の結果を数字で表していることになる。

直近の行動とは、先月、先週、昨日に意図して行った行動の結果だ。この数字を見ることに意味はないと、果たして心底思っているのだろうか。

私は大いに意味があると思っている。意味がないとするならば、経営者が意図した行動をとっていないか、数字がタイムリーに正しく集計されていないか、である。要は、毎日行き当たりばったりの経営や営業をしている、あるいは会計の仕組みができていないから意味がないと思い込んでいるのである。

キツイ言い方になるが、こういう状況になるのは、正直、経営者の怠慢である。

しっかりした経営をしているのであれば、会計ほど有用な情報を提供してくれるものはない。業績をアップしたければ、会計から変えていくことが必要だ。直近の意図した行動の結果を客観的な数字で確認することは、経営者に重大な情報をもたらしてくれるのである。

会計の取り組み方がしっかりしている会社は、「利益が出る確率」が高い。逆に言えば、会計がしっかりしていない会社、経営者が会計をおろそかにしてしまっている会社は、あまり利益が出ない。これは私の経験上、間違いない。

毎月、毎週、毎日の計画や目標を立て、その結果がどうであったかを数字で確認し、次の計画や行動に活かす。これをきちんと実行している会社とそうではない会社では、利益に差が出てくるのは当然のことである。

もちろん、「会計をしっかりやること＝利益を上げること」と、単純に言えることでは決してない。営業や開発、製造がしっかりしていなければ、売上はなかなか上がらず、利益も出ない。会計は、経営を側面からサポートするにすぎないのである。

たとえるなら、会計は飛行機のコックピットにある計器の役割だろう。しかし、飛行機が安全に目的地に着くためには大変重要なものである。会計も、会社をきちんと経営していくためにはしっかりしていなくてはならないものなのだ。

しつこいようだが、本当に利益を上げていきたいのであれば、会計の仕組みづくりからまずは手をつけていってほしい。

⑥経営者があきらめない限り、黒字になる可能性が残っている。必要なのは、経営者の闘争心だ！

中小企業、特に小さな会社は、経営者があきらめたときに赤字になる。経営者があきらめない限り、黒字になる可能性が残っている。その決め手になるのが、経営者の「闘争心」である。

まず、この3行の見出しをしっかりと心に刻んでほしい。お忙しい方は以下を読み飛ばしていただいてもいいくらい、この3行の見出しにすべてが凝縮されていると言えるだろう。

「財務」や「会計」に、「闘争心」はまったく関連がないと思っている経営者も多いだろう。「財務や会計でなぜ闘わなければならないのか？」と、疑問に思うかもしれない。しかし、私は強い会社をつくっていくためには、財務や会計の世界にも、闘争心が必要だと確信している。

毎期黒字を出して目標を達成し、強い財務体質の会社へと改善していく。そして、資金不足に陥らないよう経営をしていく。これらを実践していくには、並々ならぬ闘争心が必要なのだ。

利益を出すことも大変なことだが、さらにそこから税金を払っていくのは決して楽なことではない。利益が出ても必ずしも資金があるわけではないからだ。

必死に稼いだお金から税金を支払うのは、身を切られるような思いだろう。よほどの強い気持ちがなければ、これらを乗り切っていくことはできない。自分たちが苦労して稼いだ大切なお金をみすみす奪い取られるようなものだからだ。

大手企業は基礎体力があるからまだいいが、中小企業はそういうわけにはいかない。大きな赤字を出せば、すぐにも債務超過になってしまいかねない。

だが小さな会社では、経営者があきらめない限り黒字になる可能性が残っている。「何が何でも絶対に黒字にするぞ！」という強い想いがあれば黒字を維持することができるのだ。

とは言え、景気の動向や業界の環境変化、法律の改正など、さまざまな外部要因があり、経営者の気持ちだけでは何ともならない場合もあるのは事実だ。しかし、それを理由にしていたら、小さな会社は生き抜くことはできない。こうした外部要因から引き起こされる事態は、頻繁にあることだからだ。

現にいくら景気が悪くても、同じ業界のすべての会社が赤字というわけではない。黒字をしっかりと出している会社もある。逆に、景気が良くても赤字という会社はいくらでもある。要は経営者の覚悟、考え方、あきらめない想いにかかっている。期中から数字をしっかり確認し、「絶対赤字にしない！」と強い気持ちを持って、会社を引っ張っていくことが大事なのだ。

このような闘争心を経営者が持っている限り、会社は必ずいい方向にいくはずである。

⑦「儲ける」と「儲かる」の違いを知ろう！「儲ける」とは、つどのアクション。「儲かる」とは、そのつど「儲ける」から結果として「儲かる」仕組みをつくっていくこと。

会社は「儲ける」から「儲かる」に変わっていかないと、大きく成長することはできない。

1文字違いの「儲ける」と「儲かる」だが、経営的に見ると大きな違いがある。

「儲ける」は、積極的に仕掛けて売上を上げること。儲かりそうな案件を見つけて、しっかり利ザヤを取っていくことである。多少強引でも、何が何でも利益をつかみ取ってくる。

何となく強引さを感じてしまう語感であるが、会社は基本的には儲けなければ継続していけない。「儲ける」は絶対に必要なことである。

しかし、「儲ける」ために必死の思いでつどアクションを起こしていくのは大変なことだ。「何とかして1円でも多く儲けたい」と、あまりにもアクセクと「儲ける」に走りすぎるのは、最初はいいがいずれ息切れしてしまうだろう。

ここまでの話を聞いてもう薄々おわかりかと思うが、「儲かる」ということは、そのつど「儲ける」から自然と「儲かる」、結果として「儲かる」、自動的に「儲かる」という状態をつくっていくことである。そのための仕組みづくりをすること。これが「儲かる」ということだ。

「儲ける」がそのつどのアクションに対し、「儲かる」は継続・反復するアクションである。「儲かる」ようにするためには、組織として常に「儲ける」ことができる仕組みをつくっていく。その仕組みがつくれたことで、初めて「儲かる」という状態になるわけである。お客様に自然と、繰り返し買っていただけるための商品構成、サービス体制、販売方法を考えていくのだ。

さらにその次に、財務や会計の出番がある。常に結果や指標をチェックしながら、会社の中に「儲かる」仕組みや意識を植え込んでいくのだ。

「儲かる」状態になるための指標や目標数値を提示し、その数字との比較から営業や開発部門をそちらの方向へ導いていく。「儲かる」ための資金の循環がスムーズに行くように、会社の内外の環境を整えていく。こうした役割が、会計や財務には求められているのである。

これらの仕組みをいかにつくるか、それがプロの経営者であり、会計専門家の腕の見せどころでもあるだろう。

⑧儲けるは「欲」、儲かるは「道」。

「儲ける」と「儲かる」について、「儲けるは『欲』、儲かるは『道』」という言葉をインターネットで見つけた。いい言葉だと思う。もう7年も前に『儲かる会計』という本を出したが、『儲ける会計』にしなくて、本当によかったと思っている。

言葉のニュアンスからすると、儲けるは「利を追いかける」イメージであり、儲かるは「利がついてくる」イメージだ。そのイメージの違いはどこから来るのか。私は、利己と利他の違いだと思っている。

いかにしたら自分が儲けられるか、そのことを第一に考えてビジネスをし、利益を出していこうというのが利己であり、「儲ける」である。まず、欲ありきになっている。

欲があることは、決して悪いことではない。ただし、事業を永続していこうと思えば、自分だけよければいいという考えでは長続きしない。「儲けたい」という欲が強烈すぎると、その意識は言動や振る舞いの端々から、取引先、ひいては消費者にも伝わっていってしまう。「自分さえよければいいんだ」と思われて、そっぽを向かれてしまう可能性だってあるのだ。

それに対し、「儲かる」とは、自分のことよりまずは相手の役に立つことをしよう、困っていることを解決してあげようという気持ちでビジネスをすることである。その結果、お客様に喜ばれ、それが利益という形になって帰ってくる。まさに、利他の結果として「儲かる」わけである。

利他の心でビジネスをしていけば、お客様から絶大な信頼を得ることができ、ファンになってもらえるはずだ。これぞまさに書いて字のごとく、信者（「信」と「者」＝「儲」）になってもらえば、自然と儲かるということだろう。

人としての「道」を追求した結果、利益がついてくる。それが、儲かるという状態である。

「とにかく自分が儲けられればいい」と、ただただ「己の欲」のままに突き動かされていてはいけない。経営者は、「人の道」を求めて闘う存在なのだ。

利益を上げる、儲かるということの本質とは、何だろうか。「儲け」とは何から産み出されてきているのだろうか。そんなことを言うと、「『儲け』とは、仕入れた金額より高く売るから『儲け』が出るに決まっているじゃないか」と言う方がいるはずだ。

確かに、事実はそうかもしれない。しかし、なぜ高く売ることができるのか。そのことを考えておくことが、継続的に「儲かる」ためには大事なことである。

儲けるとは、産み出す、つくり出すという意味がある。「子どもを儲ける」という使い方がその典型例だ。

それでは、企業は何を産み出すのだろうか。結果として、利益＝お金を産み出しているが、それは「あるもの」が形になって現れた結果である。その「あるもの」こそ、利益の正体であり、そのあるものとは「付加価値」である。

付加価値がつくから、仕入れた値段より高く売ることができる。英語でお金を稼ぐことを「Make Money」と表現するが、まさにこの付加価値は社会全体のお金をつくり出している。

簡単な例をあげる。

・A さんが、B 工務店に 3,000 万円の住宅建築を発注した
・B 工務店は、この住宅を 2,500 万円かけて建築した
・住宅が完成し、A さんは、B 工務店に現金 3,000 万円を支払い、住宅の引渡しを受けた

この仕事についての両者の資産は、どうなるだろうか。

図1【付加価値が利益をつくる】

＜住宅完成前＞

Aさん	：現　金	3,000万円
B工務店	：資　産	0万円（この仕事以外の資産は無視する）
	合　計	3,000万円

<住宅引渡し後>

Aさん　：建　物　3,000万円

B工務店：現　金　　500万円（売上3,000万円－原価2,500万円）

合　計　3,500万円

結果：Aさん・B工務店の合計で、資産が500万円増えた！

この仕事をやる前は、Aさん・B工務店合わせて、資産は3,000万円だった。それが、仕事が終わると、Aさん・B工務店合わせて、資産は3,500万円になっている。2者合わせると、資産が500万円増えたことになる。

この500万円は、誰かから奪い取ったものではない。Aさんは支出した現金に見合った建物を手に入れた。B工務店はきちんと業者などに2,500万円の原価を支払って、500万円残った。

皆がハッピー、誰も損はしていない。まさに、B工務店の付加価値が、社会全体の資産を増やしたことになる。利益を上げる、儲かるということの本質は、実はこういうところにあるのだ。

⑨値決めとは、社長最大の役割だ。

〈原価＋自社の利益〉という単純な計算式では求められない。
もっとお客様や市場を知り、研究する必要があるのだ。
値決めは、会社の将来をも左右する重要な問題だ。

利益の正体は、付加価値である。では、この付加価値はどこで生まれてくるのか、もう少し深く考えてみたい。

製造業であれば、材料を仕入れて人や機械が加工・製造し、新たな「もの」がつくられるので、価値が付け加わっているのがわかりやすい。

では、仕入販売業の場合はどうだろう。商品を右から左に流しているだけで、付加価値がつくのか。もちろん、単なる横流しであれば付加価値は低い。

しかし、お客様は、単純に商品を買っているわけではないはずだ。商品そのものというよりも、その商品を使用することで得られる効果を求め購入している。薬であれば、「風邪を治すため」であり、本であれば「ある情報を知るため」に購入する。

仕入販売業は、お客様が求めるものを探し、それがどのように役に立つのかを伝えている。そこに、付加価値が生まれる。つまり、商品を売っているのではなく、そこから得られる情報や効果を売っているわけで、それが利益になるのだ。

付加されるものの価値が高ければ高いほど、当然だが価格も高くなっていく。他とは比較できないほど価値が高まると、希少価値となり、価格は暴騰する。

価格とは実は、読んで字のごとく、「価値が格付けされたもの」である。あなたの会社の提供する商品やサービスの価値はどの程度か、その格付けを表すものが価格だ。

格付けというと通常は第三者が決めるものだが、価格の場合にはまずは自社で決める。自社で決めた後、それは市場で評価されるわけだ。価値と価格が見合っていない場合は売れないため、価格を下げざるを得ない。逆にどんどん売れるようであれば、価格を上げていくことも可能になる。

この価値と価格の一致する点を探すのは、社長の重要な役割である。自らの商品の格付けをどこに置くか、一度決めたらなかなか変えられない場合もあるので、これは大きな意思決定と言える。価格次第で、会社の利益も大きく変わってくるからだ。

京セラ創業者の稲盛和夫氏は価格について、「お客様が納得し、喜んで買ってくれる最大限の値段。このギリギリの一点で注文を取る」ことが、経営において大変重要であると指摘している（稲盛和夫著『稲盛和夫の実学』日本経済新聞出版社）。

この一点をいかに見つけ出すか、そのためには自社の商品やサービスの客観的評価、お客様の状況やニーズ、考え方などを第三者的に見ていかないと適正な価格は決められない。それは、決して〈原価＋自社の利益〉という単純な計算式では求められない。もっとお客様や市場を知り、研究する必要があるのだ。

単純な考えや、自分の勘などという曖昧な理由で、価格を決めたりしていないだろうか。価格決定は、会社の将来をも左右することがある。お客様との接点以外から利益は生まれてこないのだから、価格の決定こそ社長の最大の役割と言えるのだ。

⑩経営者は闘争心を持って、絶対に利益を出す商売をすべきだ！

好景気であったり、不景気であったり、流行り廃りがあったり、世の中は日々変化の連続である。当然、好景気であれば業績はよくなるだろうし、不景気であれば赤字になってしまうかもしれない。

しかし、経営者であれば、「好景気であっても、不景気であっても、絶対に損は出さない。利益を出す」という強い信念で経営をしなければならない。外部要因に振り回されて、弱気になっているようではいけないのだ。

好景気であれば利益が出て、不景気であれば損が出る。これでは、景気が経営しているようなもので、そこに経営者の手腕はまったく発揮されていない。経営者はいてもいなくても同じ、ということになってしまう。

松下幸之助氏は、「不景気でもよし、好景気であれば、なおよし。商売上手な人は、不景気に際してかえって進展の基礎を固めるものだ」という言葉を遺している。

好景気、不景気とは、どうしてもあるもの。永遠に好景気が続くということはありえず、いつかは不景気の波が必ず訪れる。波があることが最初からわかっているのだからこそ、経営者は景気動向を業績の理由にしては絶対にならない。

「商売は時世時節《ときよじせつ》で得もあれば損もある——と考えるところに、根本の間違いがある」

これも松下幸之助氏の言葉だが、本当に経営に対する厳しい姿勢が表れている。

経営者は言い訳をせず、どんなときでも必ず利益を上げなければいけない。そういう覚悟・気持ちがあれば、経営者の行動は変わってくる。

景気や環境のせいにせず、すべては自分の責任である。逆に言えば、すべては自分たちで変えられるのだ。だからこそ、経営者はいつも闘争心を持ち、闘い続けなければならない。経営者があきらめたときに、会社は赤字になるのである。

第2章

利益はこうして上げよ！

⑪会社をよくしたければ、経費の公私混同を廃し、会計をよくすることだ。

経営者が覚悟を決めて公私混同を廃さなければ、会社の将来はない！

「会計をよくすると、会社がよくなる！」は、私が仕事をするうえでの１つの信条だ。言ってみれば、「形から入って中身をよくしていく」のである。

普通に考えれば、まずは営業、商品をガンガン売ること、会計などは後回しであろう。しかし、本当に儲かる会社、強い会社をつくりたいのであれば、売上をガンガン上げるのと同時に、一方で会計の仕組みもしっかりつくっていくことが肝要だ。これをしっかりやっていくことによって、同じ売上でも利益はまったく違ってくるのである。

まず、最も基本的なことは、健全な会計にすることだ。未上場の会社の場合、Ｂ／Ｓ（貸借対照表）の中身を見ると不健全なものが多い。

取れそうもない売掛金や貸付金、デットストックになっている在庫がある。さらには、実態は経費である仮払金、使われていない固定資産、そして本来は社長個人のものである車や備品などがある。

Ｐ／Ｌ（損益計算書）にも、社長の個人的な経費が入っていることが多い。まずは、こういったものをきれいにすることだ。公私混同をしていると、会社は絶対に伸びない。これができるだけでも、会社は随分変わる。

会計をよくすることによる最大の効果は、社長の考え方が変わることだ。

社長が会社を本気で発展させようと思い立ち、「今までちょっとズルしてきたが、今後は真っ当に行こう」とか、「税金は無理してでも払う」などと決意すると、会社は間違いなく伸びていく。

思い切って、「上場を目指す！」というのであれば、まずは監査法人のショートレビューで公私混同を徹底的に指摘されるだろう。今までは、社長が勝手に協力会社にお金を貸していたが、そのようなこともできなくなるのだ。

社長の不動産を会社に貸して、会社がそれをまた貸しするような、社長と会社の取引もできなくなる。不良債権や在庫、時価の下がった有価証券やゴルフ会員権は、強制的に評価損を出させられる。

社長の個人的経費も、稟議書などで足かせがはまってくる。将来予測される損失は、それを見積もって負債に計上しなければならなくなる。

このように、上場準備に入ったら、いろいろな観点から会計が大幅に見直され、今までの決算書が見るも無残に衣を剥がし取られていくことになる。そうやって現実を見せつけられることによって、会社はよくなっていくのである。上場に耐えられる強い会社になるのだ。

現に、当社の顧問先で上場しようとしている会社は、数年前に比べると雲泥の差で財務内容がよくなった。もちろん、B／

Sをきれいにしただけで、会社がよくなったわけではない。その間に業績も伸びているからだ。

しかし、業績の伸びも財務改善と関係ないとは言い切れない。この劇的な変化には、社長の気持ちが変わったことがあげられる。その社長もこう話している。

「以前は、自分の勝手で何でもできたが、このようにB／Sをきれいにしてしまうと覚悟は決まった。実際にやってみるとたいしたことではなかった」

不健全な状態のB／Sを白日の下にさらすのは、勇気がいることかもしれない。いろいろと改善すべき点を指摘され、何もせずにいたそれまでの自分を恥じることもあるだろう。だが、この社長が言うように、「会計をよくする」のは実際にやってみると、思ったほど大変なことではないのだ。

そして、やってみると、もっと大きなものをつかむことができる。すなわち、会社そのものの価値が格段に上がるのだ。いつまでもコソコソとセコい公私混同をし続けるよりも、何倍もいいではないか。

会社をもっとよくしたい、少しでも売上を上げたいと思うのなら、まずは臆せずに「会計をよくすること」「公私混同を廃すること」から始めてみるべきなのだ。

⑫どんな業種であれ、経常利益率10%以上を目指すべき。仕入と経費を見直すだけでも、道は開ける。

「どんな業種でも経常利益率10%以上を上げるようにしなさい」

京セラ創業者の稲盛和夫氏の言葉である。「そうでなければ経営をやっているとは言えません」と厳しい言葉が続く。

黒字企業でも平均して2～3%しか出せていないなか、現実的には10%の経常利益率を出すのは難しい業種もあるはずだ。

しかし、まずはその先入観を取り払え、ということである。

「うちの業種は、10%はムリ。せいぜい3%がやっと」「経常利益率は5%もいけばいいほうだ」という思いがあると、必ずその程度で終わってしまう。いいときも悪いときも、不思議とその思った程度の数字に落ち着くものである。

だからこそ、まずは同業他社がどうであれ、「うちの会社は10%以上を出すようにしていこう！」と決意をすることである。経常利益率10%以上の高収益会社をつくるには、まずはその決心をすることから始めていかなければいけない。

では、経常利益率10%以上を出すには、どうしたらいいのだろうか。

実は、切り口を変えれば単純なことである。すなわち、経常利益率が10%出るように、利益から逆算して経費、原価、売上を計算していくのだ。それを基に、ゼロベースで事業を組み立ててみればいい。

もちろん、それを実現するのは並大抵のことではないだろう。だが、そこから挑戦していかなければ、10%の経常利益率はとてもタタキ出すことはできない。

数年かかってでもそれをやり切れば、夢としか思えなかった10%が達成できるのだ。まさに、数値との闘いである。そのためにも、「10%出せたらいいな」というぼんやりとした願望ではなく、「10%以上を出す！」という社長の強い想いが必要なのだ。

具体的には、3年から5年計画くらいで、経常利益率10%の利益計画モデルに各期どのように近づけていくのか、数値計画を展開してみることである。このときのポイントは、いかに原価率を下げるか、経費を増やさずに売上を増やしていけるか、の2点である。

原価は「仕入に利あり」の精神で、商品や材料の仕入を徹底的に見直すことだ。仕入先や外注先と長い付き合いをしていると情が移り、知らず知らずのうちに高い価格で買っていることは多いものである。

そこで、同じものをいくらで仕入れることができるか、徹底的に調査しなければならない。それこそ、今までの仕入先や外注先との継続を前提にいい加減にやるのではなく、変更も辞さない覚悟でとことん調査するのだ。その調査データがあれば、今の仕入先や外注先にも価格交渉をすることができるだろう。

こういった基本的なことを、一度でもやってみたことがあるだろうか。馴れ合いの関係の中で仕入を続けていては、会社の発展は望めないと心してもらいたい。

経費については、全社員が創意工夫を繰り返すことが重要である。そのためには、なぜ経費を節減しなければいけないのか、そして経常利益率10%以上を達成する意義を社員に十分に説明して、理解してもらわなければならない。

経営者の意図や理由もわからず、「とにかく10%以上を達成する！」と言われても、社員たちは心を動かされない。面倒だと思われてしまっては現状と変わらないし、無理やり節減を強いられれば抵抗されてしまうこともあるだろう。だからこそ、ここは丁寧にその意義を伝え続け、社長自らが率先して節減に努めていく必要があるのだ。

そのうえで、何がいくらかかっているのか、普段使っている消耗品や事務用品、コピー代、宅配便などがいくらするのか、それぞれの値段を知ってもらうことが大事である。それぞれの値段を紙に書いて貼っておくだけでも有効だ。普段から目に入ることで、嫌でも意識するようになるからだ。

経費がいくらかかっているのかがわからなければ、経費節減の掛け声だけでは効果が上がるはずもない。それまで何も考えずに消費していたものにどれだけのお金がかかっているのか、節減はそれを知ることから始まるのだ。

経費は、社長も含め全社員がその発生に関わっている。だからこそ、全社員が経費削減の意識を同じレベルで持つように促す。そして、どうしたら経費を減らせるのかを、創意工夫するように促すことが大事なのである。

これをぜひ、会社の仕組みとして落とし込んでほしい。そうすることで、経常利益10%への道が開けてくるのである。

⑬「ほしいもの」と「必要なもの」。経費は本当に「必要なもの」だけに使わなければならない。

「その経費は本当に必要か？」

経費を絶対に増やさない効果的な制御法とは、この問いかけを繰り返すことである。つまり、「ほしいものには使うな。必要なものには使え」を徹底することである。

個人のお金であればほしいものを買うのは一向にかまわない。

しかし、会社のお金は利益を上げるために使うものである。「利益を上げないお金は一銭も使ってはいけない」というのが原則である。本来であれば、それを常に徹底していかなければならないはずだ。

ただ、会社の経費とは、見てみるとわかるのだが結構必要ではない経費が多い。なぜ、必要のない経費を使ってしまうのかというと、下記の言葉に惑わされてしまうからである。

・絶対あったほうがいいです……
・あれば便利、効率が上がるはず……
・いずれ使うだろう、それも付けておいて……
・その程度はいいんじゃない……
・当社もそろそろそれくらいは……

・必要な付き合いだから……
・将来必ず効果があるから……など

このような前置きがつく経費は要注意である。明確な理由がなく、こうした前置きのつくような経費というのは、ただ単にほしいだけだったり、興味本位であったり、楽をしたいからという経費の可能性がある。

部下がある経費や物品の購入を申請してきたときは、次のように言うといい。あるいは、自分でほしいと思ったときは、自問自答してほしい。

「その経費は本当に必要か？」

説明を受けた後に、再度、「その経費はどうしても必要なものか？」と尋ねるのである。

そうすると、「なくてもいいんですけど、あったほうが便利かと思って……」と、本音を引き出すことができる。この質問をつど繰り返すことで、かなりの経費は削減できるはずだ。

本当に必要かどうか改めて問われると、意外と必要ではなく「ほしい」だけだったりするものが多いものだ。そんな、なくても一向にかまわないものによって無駄に経費を増やすのは、絶対に避けるべきだ。

改めて考えさせるきっかけを与える一言を、ぜひ試してみていただきたい。

⑭数字は１円単位まで、とことんこだわる。１円を軽視する経営者は、１円に泣くと心せよ！

当社の顧問先で、病院や数ヵ所の老人ホームを経営しているお客様がいる。老人ホームは、オープン後すぐに満床になり、もちろん１期目から利益もキャッシュフローも黒字である。

老人ホームは数ヵ所つくっているが、どこも同じように黒字になっている。グループ全体でも、とてもすばらしい財務内容になっており、同業と比較してもかなりいい数字だ。

もちろん、施設やサービスがよかったり、先生やスタッフの応対がいいなど、いろいろ理由はある。しかし、私から見えるのは、院長であり理事長である先生の数字に対する姿勢だ。とにかくものすごく細かくて、非常に厳しいのである。

毎月、当社のスタッフがお邪魔して、月次決算の検討会をする。１つずつ前月の実績数字を読み上げて、前々月との差異や計画との差異を確認していく。

そのとき、前々月から経費が２～３万円でも増えると、「何が増えたんだ。その内容は何だ？　そんなにかける必要があるのか？」と、どんどん突っ込んでくる。売上が10億円以上あっても、数千円、数万円の経費にうるさいのだ。単価に至っては1円単位で追求される。

当社スタッフや同席している施設長、副施設長などは、そのたびに説明に大わらわである。説明がつかなかったり、余分なものや怠惰で生じた経費などは、その場できつく叱られる。場合によってはその場ですぐに電話をかけて現場に確認したり、価格交渉したりすることもあるほどだ。

管理者にとって月次決算の会議は、本当に戦々恐々なのである。ただ、これだけ追求されるので、やはり毎月の経費がかなり削減できているのは、まぎれもない事実だ。

医者は経営数字に弱かったり、あまり経営に関心を持たない人が多いのだが、ここの理事長はまったく違う。決して経営の勉強をしたわけではないだろうが、数字の管理をこれだけきっちりやれば、いくつ施設をオープンしても資金的にもうまく回していけるのである。

規模が大きくなればなるほど、トップが小さな経費をいちいち確かめて、ああだこうだということは少ない。「これだけの売上があれば大丈夫だろう」とタカをくくり、細かいところに目を配らなくなる。だが、そうした小さな経費も、積もり積もればいずれ大きな山となり、経営を圧迫しかねない。

だからこそ、どんなに規模が大きくなっても、1つひとつの経費を1円から大事にする。その姿勢を失ってはいけないのだ。

⑮売上が伸びているときにすべきことは、節税に走ることではなく、経費節制である。高収益会社になれるかどうかは、そこにかかっている。

好景気であったり、ヒット商品が出たりして売上が伸びているときこそ、経費節減をしっかりやるべきである。

こういう時期は行け行けドンドンで、会社全体が積極的なムードになっている。それはそれでいいのだが、得てして設備投資や経費のほうも、「ここがチャンス！」とばかりに積極投入しがちになる。その結果、売上は増えたが利益は思うように増えなかった、支出が先行してかえって資金繰りが苦しくなってしまった、という事態になりやすい。

ましてや、競合商品が出てきて急に売れなくなってしまった場合には、過剰在庫を抱えてしまう恐れもある。あるいは、過大設備投資によって財務体質が一気に悪くなったりすることもある。こうした話は、本当によくある話なのだ。

利益率が高い会社をつくっていきたいのであれば、このような売上が伸びているときにこそ、経費や資金をいかにかけないで売上を伸ばすかを考えることだ。特に固定費をできるだけ増やさないようにしてほしい。

売上が伸びているときこそ、利益率の高い会社をつくるチャンスと考え、同時に経費を減らす努力をするのである。その結果、得るものはものすごく大きなものになるはずだ。

ただし断っておくが、売上が増えるのに連動して増える仕入や販促費などの変動費は、額が増えるのは致し方ない。このような変動費については、売上に対する率を減らすことを意識することだ。

大きな会社で利益率の高い会社は、売上を伸ばすことと経費を減らすことを同時にやってきた会社である。その結果、大きくても利益率の高い会社になれたのだ。

逆に言えば、この時期に経費節制をやらないと、図体だけが大きくなり、効率の悪い儲からない会社になってしまう。そうなると、売上減になったときに、あっという間に経営危機に陥りかねない。

もう1つ、小さな会社が犯す過ちは、売上が伸びているときに税金を払いたくないばかりに経費を増やして過度の節税をすることにより、利益を減らしてしまうことだ。税金は少なくなるが、結果的に会社の利益も少なくなり、せっかく伸びるチャンスを自ら潰してしまうのである。

それを繰り返しているから、いつまで経っても小さい会社のままで、成長できないのだと思ってもらいたい。

⑯不況のときこそ経営者の闘争心が問われる。
安易にリストラを断行していないだろうか?
真にやるべきことは、リストラなんかじゃない。
減らすものは、社員ではなくコストだ。
最後まで社員を守る経営者であれ!

いい時期もあれば悪い時期もあるのが経営だが、不況で業績が落ち込み、赤字転落が見込まれたり、資金繰りが厳しくなったときはどうしたらいいのだろうか。

まず、やらなければいけないことは、原価や経費を徹底的に節減することである。売上が減るのだから、経費も減らしていかなければ即赤字、即資金難になってしまう。これは、社員全員の知恵を絞ってやるべきだ。

こうしたとき、人件費を節減する、リストラするということをすぐに行おうとする会社があるが、リストラは最終手段である。絶対に安易にやるべきではない。

人件費の削減に関しては、リストラよりも全員の給与の一律カットのほうがまだいいと思う。「皆で協力して、この苦境を乗り切ろう！」と、一定期間給与を皆でカットする。そして、全社一丸で頑張るというほうが、会社の力になるはずである。リーマンショックのときは、そのような対応を行った会社が多かった。

リーマンショックの際に特に印象に残ったのは、日本電産の永守重信社長である。永守社長は、リーマンショック後に5割まで受注が落ち込んだ年末に、1930年頃の世界恐慌に関する書物をむさぼり読んだそうである。

そして、年が明けた元旦に、12項目の「不況対策指針」を打ち出した。在庫圧縮はもちろん、人命・健康・法令順守に反すること以外は、すべてでコスト削減を徹底するという内容だった。ただし、「雇用は天守閣」と定め、正社員の雇用は絶対に守るということも同時に打ち出した。さらには、不況時にコスト削減を徹底する、生産性を改善することにより、売上が50％減っても利益が出る体質を目指したのである。

永守社長が掲げた〈コスト削減＋雇用を守ること〉が徹底されたため、日本電産は減収になっても赤字に陥ることはなかった。また、売上がピーク時の75％まで回復すれば元の利益に戻り、100％戻れば利益は以前の倍になるという企業体質までもつくり上げた。まさに、永守社長は不況を活用して企業の体質を大幅に改善したわけである。

永守社長のように不況と闘う強い意思があれば、赤字回避のみならず、企業体質を飛躍的に成長させることまでできるのだ。「こんな不況じゃうちの会社ものすごい赤字になってしまう……」と弱腰になっていないで、「何とかしてやる！」「これをきっかけに成長してみせる！」と、闘う覚悟を決めるべきだ。

不況は企業にとって、高収益体質に転換する絶好のチャンスとも言えるのである。

⑰中小企業は価格戦略を間違えてはいけない。

アベノミクスの影響によって世の中のデフレ傾向はだいぶ是正されてきたようだ。しかし、ほんのちょっと前までは、世の中はデフレ傾向にあり、安い方向に向かっていた。価格設定を安くしないとなかなか売れない時代だったのである。

しかし、とにかく価格を安くすればそれでいいのだろうか。

先日お会いした経営者は、すばらしい業績を上げている経営者だったのだが、かなりシビアな方でもある。その方に、業務の中核になるソフトウェアについて、どのように選んだのかを聞いてビックリした。

なんと業者に、「業界で一番高いソフトを持ってきてくれ」と言って注文したそうである。「この業界でNO.1になりたいから、NO.1のソフトを使う」というのが、その理由である。もちろん、機能なども聞いて購入したのだろう。

ただ、価格で選ぶ、しかも安いものではなく高いほうを選ぶというのは、現在の常識とは少し違う。

「NO.1のソフトには、それなりの理由がある。安いほうが売りやすいのに、あえて高い価格をつけているということは、それだけ機能に自信があるということ、責任を持つということだ。ソフトみたいな使ってみないとわからないものは、自信があって、責任を持ってもらわないと困る」

日常の消耗品などは、どれを買っても同じということであれば、価格は安いほうがいいに決まっている。しかし、どれを買っても同じではない場合、価格が安いからいいというものではない。

機能を評価できるのであれば、同じ機能の中で最も安いものを選べばいいだろうが、評価できないものもたくさんある。特にモノではなく、サービスだったら、受けた人によっても評価が変わってくるはずだ。

価格は、1つのメッセージである。そこには、売る人の思惑が入っている。

「価格で判断するのは、どうか」という方もいるが、価格も1つのメッセージだと思えば、それで判断することもできる。

中小企業の場合、価格勝負（低価格）だけで闘っていくのは厳しい。価格で勝負したら、大きい企業、体力のある企業には到底勝てないからだ。中小企業は何かしら特徴のある商品、大企業がやらないような隙間商品、セット商品、小ロット商品、あまり需要が見込めない濃厚なサービスなど、価格以外のところで勝負していかないとなかなか勝てないだろう。

その隙間のところで、お客様が認めてくれる最大限の価格をつける、これが中小企業の価格戦略ではないだろうか。

⑱単位当たりの付加価値を徹底的に追求してほしい。「1 億円の利益を上げた」というだけでは、その数字が表す真実は見えてこないからだ。

利益率を高め、かつそれを持続するためには、単位当たりの付加価値を追求し極限まで上げていくことが重要である。たとえば、

・時間当たり
・営業マン1人当たり
・全社員1人当たり
・顧客1件当たり
・商品、製品1個当たり

などだ。こうした単位当たりの付加価値をしっかりと求めていただきたい。きちんとした数字で出したことがないというのであれば、即実行していただきたい。

もし「1億円の利益を上げた」と言っても、それが本当にすばらしい数値なのかどうかは判断できるだろうか。「1億円の利益を上げた」という結果だけでは、その数字が表す真実は見えてこない。1億円の利益を上げるために、

・何人でやったのか?
・時間はどのくらいかかったのか?

・何個の商品を売ったのか？

などの質問に対する回答によっては、決して儲かっていないということもある。同じ仕事を2人でしたのか、それとも100人でしたのかでは、評価はまったく異なるはずだ。

この単位当たりの付加価値を上げることについては、製造業ではとことん追求している。いかに効率よく作業をするか、限られた時間の中でより多くのものをつくり、さらにより質の高いものをつくるのか、徹底的に考えられて仕組みがつくられている。コストもギリギリまで下げる努力をしているところが多い。

日本の製造業の質の追及、効率性の追求については、本当にすばらしいと思う。それに比べると、販売業やサービス業はまだまだの段階だろう。効率性の追求、時間当たりの付加価値を高めようという意識がなかなか持てていないようだ。実際、そうしたことを考えて仕事をしている人は少ないのではないだろうか。

製造業の場合は、ある程度皆が連動しているので、誰かがさぼっているとすぐにわかるようになっている。全体でまとまって効率を上げていきやすい環境にあると言えるだろう。

その点、いわゆるホワイトカラーの人たちはそれぞれが勝手に仕事をしている状態なので、それぞれの仕事の状態がわからない部分が多い。日々の作業がそのまま実績につながるとは限らないという点も、製造業とは異なるところだ。

だからこそ、販売業やサービス業の場合は、余計に単位当たりの意識を強く持つ必要があると私は思っている。

・1人1ヵ月当たり、いくらの付加価値を目指すのか?
・そのためには、顧客1件当たりいくら必要なのか?
・どのサービスでいくらの付加価値を上げるのか?

こうしたことを明確に決めておく必要がある。指標もないままであれば、単位当たりの付加価値を高めるなんてことは、絶対にできないだろう。「効率よく、とにかく頑張ろう」といったスローガンのようなものでは、何をどうやって頑張ればいいのか具体的なことはわからないし、誰にでも一目瞭然となる数値の評価として表すことはできない。

あなたの会社では、どのような単位当たりを指標にしているだろうか。会社や業種によって、単位は千差万別になるだろう。会計事務所である弊社の仕事で言えば、人だけで成り立っている商売なので、やはり「1人1ヵ月当たりの粗利益」や、「1訪問先当たりの時間単価」をいかに高めるかが大事になってきている。

これらの指標を明確に持つこと、そしてそれを徹底的に追求していくこと。これが高収益体質の会社をつくるために、最も重要なことである。単位当たりの指標を日次、月次で集計してみることを、ぜひ実践してほしい。

⑲「いつまでも赤字のままでいい」なんて部門は存在しない。全部門を黒字化するために、経営者は闘わなければならない。

経常利益率10%を達成するような高収益企業をつくるには、その会社の全部門を黒字化するという考え方が求められる。

経営者が、会社全体の経営数字だけを見て、いかに利益率を上げようかと考えても、具体的な行動にはなかなか結びつかない。具体的な行動にするためには、部門別やプロジェクト別の数字を出して検討していくことが必要になってくる。

部門別の採算を出すと、必ず出てくる発言は、「この部門は、全体や他の部門に貢献する部門なので、赤字でもいいのです……」というものだ。確かに、その部門の活動が他の部門の営業活動になっているということはよくあることだ。

また、「健全な赤字部門」などという言葉があるように、将来の稼ぎ頭にするために、現在はその投資をしている部門もある。それはそれで、必要なことかもしれない。

しかし問題は、「それが赤字部門にとっての言い訳になっていないか」ということである。「他に貢献する部門」「健全な赤字部門」「立ち上げたばかりの部門」という大義名分がまかり通り、赤字になるのは当然という許容があると、それに流されてしまうことが往々にしてあるからだ。

これらの部門があってはいけないということではない。組織の中には、そのような役割の部門も当然あるだろう。しかし、本来は利益を上げる目的を持つ部門（プロフィットセンター）であれば、当然に黒字化すべきであり、それが赤字であることには厳しいチェックの元、納得できる理由が必要なのである。

これは1回納得すればいいというものではなく、毎月、何回でも「本当にそうだろうか？」「このまま赤字でいいのだろうか？」という質問を繰り返さなければならない。まさにこれこそが、社長にとっての「闘う財務」なのである。

いったん許容して、そのまま赤字を続けている部門がいかに多いことか。こうした部門が会社の利益率を低くしている大きな原因であることを見過ごしてはならない。

部門別損益計算を見るときには、「全部門を黒字化する」という視点で、まずは見てほしい。赤字の部署があれば、どうしたらこの部署を黒字化できるのかを考え、対策を実行する。もし、他部門の営業活動的な部門であれば、社内売上を立てて、その部門を正当に評価するべきである。

赤字の部門を1つひとつプラスにしていき、最後はゼロにする。全体の利益率を高めていくためには、真っ先にこれをやらなければならない。「1つぐらい赤字の部門があってもいいじゃないか」という甘い誘惑と闘い、勝利していただきたい。

⑳閑散期に赤字になってしまう業種はある。それでも、毎月黒字化することを目指してもらいたい。季節変動に負けない会社は、工夫次第でつくれるからだ。

利益を上げるために、前項では「全部門を黒字化する」という話をした。もう1つ同じような発想で、「全部の月を黒字化する」ということを提唱したい。

会社の事業においていわゆる「季節変動」がある業種は結構多いものである。1年の半分ぐらいの期間で利益を稼ぎ出し、残りの半年は赤字という会社はかなりある。場合によっては、年間3ヵ月だけ黒字で、残り9ヵ月間は赤字という会社もある。このような会社では、なかなか経営が安定しない。

私たち会計事務所業界も、季節変動がかなりある。12～5月ぐらいの半年間にかなりの業務が集中する。それは、12～1月は年末調整から法定調書、2～3月は個人の確定申告と法人の12月決算、そして4～5月は法人の3月決算と続いていくからだ。個人は12月の暦年で締め、法人は12月決算と3月決算が多いので、どうしても偏ってきてしまうのである。

この季節変動は経営にとってはかなり厄介で、利益率を落とす原因になっている。最も大変なのは、人の手配だ。忙しいときには猫の手も借りたいくらいになるのだが、閑散期には人が余ってしまう。

これに苦労している会社は、実に多い。正社員を増やしたいが、閑散期を考えればそう安易に増やすわけにはいかない。パートやアルバイトで乗り切ろうと思っても、それでは力不足であったり、なかなか集まらない場合もある。

さらには、作業場所の確保や設備投資なども繁忙期に合わせると過剰だし、かと言って準備しておかないと、仕事が増えたときに対応できなくなる。本当に悩みどころなのだ。

資金面においても、季節によって入金、支払いが大きく変動するため、相当気をつけておかないといけない。閑散期には手形を落とす資金が不足したり、毎月ほぼ変わらない固定費の支払いにも苦労するからだ。

では、季節変動を乗り切るにはどうしたらいいのだろうか。できるだけ固定費は増やさず、繁忙期は変動費で対応する、ということを考えていく必要がある。

たとえば、人件費などは典型である。正社員は極力少なくし、繁忙期は臨時雇いや派遣を使う、などである。さまざまな経費を変動費化するのは、工夫のしどころである。

損益のほうも年間を通じて見ると、黒字の月と赤字の月がはっきりしている。そうした状況がずっと続いていると、「閑散期だから赤字でもしょうがない」という発想に陥りがちになる。

しかし、高収益企業を目指すのであれば、このような考え方ではダメだ。すなわち、季節変動があろうがなかろうが、「すべての月を黒字にする！」と、季節変動と闘う発想を持つべきなのである。

こう言うと、「それは無理だよ！」という声が聞こえてきそうである。「うちの業界では、とても無理！」というような声だ。確かに、普通に、今までどおりやっていれば、そうかもしれない。しかし、赤字の月を１ヵ月でも黒字に変えていければ、年間を通じて利益を出していくのが楽になるはずだ。

まずは、１ヵ月を黒字にし、さらにもう１ヵ月を黒字にし……、と考えていくと、どんどん利益を上げるのが楽になってくるはずだ。もちろん、机上で言うほど簡単なことではないだろう。だが、「うちの業界では、無理」と言っていると、いつまで経っても閑散期は赤字である。全体の利益率が上がるはずもない。

ここは発想を変え、「閑散期を黒字化するには、どうしたらいいのか？」を真剣に考えてみてほしい。閑散期において、いや閑散期だからこそ、お客様の役に立てることはないか、繁忙期の準備やフォローで貢献できることはないか、関連商品で年間を通じてお客様に買ってもらえるものはないか、などいろいろ考えるべきである。

私ども会計事務所業界の例で言えば、会社の決算期を３月あるいは12月以外に変えてもらうとか、余裕のある時期に会計システムの改善や事業承継のコンサルティングを提案したり、などである。

閑散期に今まで赤字だった損益を、全月黒字化することができたら、あるいはせめて損益をトントンにすることができたら、あなたの会社はどのぐらい利益率が上がるだろうか。

少しでも赤字が減るのであれば、やる価値はあるはず。ぜひ、果敢に闘いを挑んでいってもらいたい。

㉑どうしても赤字になってしまったとき、操作をして黒字にしようとしてはいけない。

嘘をつくことは信用を失うことにつながる。

ごまかさずに赤字にしたら、あとはそこから上がっていけばいい。

全社一丸となって闘えば、赤字は必ずリカバリーできる。

経営者たる者、会社を赤字にしないよう最大限の努力をすべきだが、それでもどうしても赤字になってしまうことはあり得る。

期末までにやれることはすべて実行したが、それでも赤字というのであれば、潔く赤字にするしかない。そこで、変な操作をして黒字にすることは絶対にやってはいけない。いわゆる「粉飾決算」だ。これは厳密に言えば、会社法違反になる。

それ以上に、粉飾決算をすると後々に響いていく。一度でも粉飾決算をすると、次の期もそれをせざるを得なくなることが多いのである。嘘を隠すために嘘をつくような、嘘の上塗り状態になってしまうのだ。重ねていった嘘をなくしていくのは、とても大変なことだ。

さらには、「数字は操作をしてもいいもの」という土壌が会社にできてしまう。社員は知らないだろうと思っても、社長のやることは社内には伝わっていってしまうものだ。それが仕事のさまざまな面に出てくることが怖い。

「1回だけだから大丈夫だろう」「今だけならバレないだろう」という気持ちと闘い、絶対に屈せず、打ち勝ってもらいたい。正直に経営していくということが、経営者にとって最も大事なことなのだと肝に銘じてほしいと思う。

赤字になるのであれば、そのときに思い切って赤字を出し切ってしまうことである。一部だけ落として、一部の不良資産は残しておく、などということをするとまた来期苦労することになる。それを引きずって、ダラダラといつまでも浮上しない会社がなんと多いことだろう。

赤字のときは赤字にする。落とすモノはすべて落とす。そして、経営者は社員に頭を下げ、「この危機を皆で乗り切ろう」と結束を促すのである。社長が本当に申し訳ないと思い、ごまかさず正直に謝る姿を見れば、社員たちも、「うちの会社、大丈夫なのか？」と疑心暗鬼になることもなく、「自分たちも頑張ろう」と必ず心を動かされるだろう。

その翌期は、バランスシートはスッキリ、皆の心は心機一転！　目指すはＶ字回復である。財務上も、精神的にもスッキリしていれば、Ｖ字回復できる可能性は高くなってくる。

なお、繰り越した欠損金は、何としてでも税務上の繰越期間の内に解消することが重要である。繰越期間内に黒字を出して、穴埋めするのである。その間は欠損金を埋めるまで法人税等がかからないのだ。

これができないと、その後は税金を払いながら欠損金を埋めていかなければならない。倍の労力・期間がかかってしまうのだ。なお、2012年４月以降は、この繰越期間が９年になった。これだけ期間があれば、必ず解消できるはずである（ただし、資本金１億円超の会社は、繰越期間内であっても黒字の20％には法人税等がかかる）。

第3章

計画はこうして達成せよ！

㉒信念のない目標に、社員は共感できない。だから年度計画には、経営者の想いを込める。

あなたの会社では、年度計画をつくっているだろうか。

「よく、つくったほうがいいと言われるけれど、まだつくっていません」という方は、ぜひつくってほしい。特に、経常利益率10％以上の高収益企業を目指すならば、これは必須である。目標数値があって、その数値に向かって行動していくからこそ、目を見張る数字を残すことができるのだ。

ただし、年度計画をつくっていると言っても、計画数値がとりあえず並んでいるだけで、社員たちはほとんど気にしていないというケースも非常に多い。経営者や経理部が勝手につくったもので、自分たちの計画として自覚していないのである。

社員たちが、「こんな数値、絶対達成できないよ」と思いながら仕事をしていたら、数値通りの結果が出るはずもない。その数値の存在すら、きちんと把握していない社員もいるかもしれない。

これでは、年度計画を立てる意味がない。このような場合は、その計画策定のプロセスに問題がある。全社員の意識がその数値に向かっている年度計画にするためにはどうしたらいいだろうか。

まずは、経営者が今年度の目標数値に、経営者なりの抱負を持つことである。そのベクトルはどういう方向を目指し、1年間でどれくらいの数値を目指したいのかを語ることだ。

経営者は、何の理由もなく目標数値を導き出したわけではないはずだ。だが、その理由、想いは、きちんと言葉にして語りかけていかなければ社員たちには伝わらない。

理由のわからない目標のために、あなたは仕事を頑張ることができるだろうか。目標数値に自らが込めた意志を社員に伝えていくことが、経営者のするべき最初のステップとなるのだ。

その目標数値を踏まえたうえで、各部署が計画数値をつくっていく。その積み上げが全体の計画になるのだが、その合計数値は経営者が描く目標数値には届かないことが多い。今までの延長で仕事をした場合、今期の数値は現状に若干のプラスアルファが乗っかった程度の数値しか出てこないはずである。

この数値をそのまま年度計画にしたのでは、経営者の意志が反映されないばかりか、現状維持、ひいては衰退の道に向かう年度計画になってしまう。

問題は、この数値の差にある。社員たちが積み上げた数値に、経営者の意志をいかにプラスアルファできるかだ。経営者としての熱意、力量が問われているのである。

目標数値が高くなるということは、社員たちにしてみれば仕事量が増える、より大変になることが想定されるため、「面倒だな」「ほどほどでいいのに……」と考えてしまうだろう。

それを、「今期はこれだけのものをやろう」と経営者が熱く語るからこそ、社員は心から共感して、「よし、ぜひやろう！」となるのである。社員の自発的な決意を引き出すことが何よりも大切なのだ。

そのようなプロセスを経てまとめられた年度計画であれば、社員は自分の意志に基づく年度計画として、年間を通じて必ず達成してやろうと思えるのだ。

㉓少しでも状況が悪くなると、年度計画を下方修正してしまいたくなるが、それでも絶対に達成すべく努力を尽くす。
最後の一人になっても、経営者はあきらめてはいけない。
経営者よ、闘え!

年度計画を立てたからには、「この計画を何が何でも達成する」という強い意志が必要である。「こうなったらいいな」ではなく、「絶対にクリアする数値なんだ！」と全社員が思わなければ年度計画を立てる意味がない。

ところが、年度の途中で計画を下回る状況が続くと、「こんな状況では無理かな……」とか、「高い計画、立てすぎちゃったかな……」などという思いが湧くものだ。そうすると、どんどん言い訳に走ってしまうのが、凡人の悲しさである。

「当初見込んでいた経済環境と全然違ってきてしまったため、とても計画数値までいきそうもありません」

「この製品の需要がこのくらいあるかと思ったのですが、思った以上に反応が悪いんです」

こんな言い訳は、言おうと思えばいくらでも言えるものだ。

上司もまた、「そういう状況じゃ、しょうがないか……」とか、「そこまで頑張ったんだから、仕方がないか……」と言ってしまいがちになる。そんなこんなで、せっかく立てた年度計画を安易に下方修正してしまうことが実に多いのだ。

本当に状況として、仕方がない場合もあるかもしれない。しかし、できることはとことんやったのかというと、決してそうではない場合が多いのではないか。さまざまな方法を模索し、試行錯誤を繰り返して徹底的にやり切ろうとせず、「ここまでやれば、まあいいだろう」と、そこそこのところでリミットを設けてしまうのだ。

このような緊張感のない現場を変えるべく、経営者は心を鬼にして闘いを挑まなくてはならない。社内を包む「仕方ないよね」という空気に流されそうになる心を、「それではダメなんだ！」と一喝し、経営者自らが「100％達成するぞ！」という強い意志を持つ組織に変えていく必要があるのだ。

年度初めに立てた売上計画はよほどの事情がない限り、下方修正するべきではない。「会社として今期はこの数値で行こう」と走り始めたのだから、どんな事情があるにせよ、売上だけ下方修正するのでは他に悪い影響を与えてしまうからだ。

たとえば、売上を上げるために製造部門を強化し、人員配置やサービス体制を見直したとする。ところが、売上を下方修正してしまうと、こうした全体の施策に狂いが生じてしまうのだ。だからこそ、年度初めの計画、特に企業活動の源になる売上に関しては、安易に下方修正するのは問題である。期の途中で下方修正する前に、まだまだできることは数多くあるはずだ。

さまざまな会社を見てきたが、驚くほど簡単にあきらめてしまう会社のなんと多いことか。その光景を見るたびに、「経営者よ、闘え！」と私は心の中で叫んでいた。

社員たちが「しょうがないか……」と言ってしまうケースを経営者が認めてしまっては、キラリと輝く会社には絶対になれない。最後の砦である経営者が、「達成できるまであきらめるな！」と会社全体を鼓舞し続けていかなければいけないのだ。

㉔1日、1週間、1ヵ月と、小さな目標を立て、1つずつ力を出し切って達成していけば、大きな目標に必ずたどり着ける。

年度計画は、毎期首に「必ず達成するぞ」という強い想いでつくるものである。

しかし、年度も進み、目標未達が明確になってくると、目標未達の危機感が日増しに強くなる。「何とか、あと3ヵ月で頑張ろう」とか、「最後まであきらめるな」というスローガンが飛び交い、ガムシャラに動き回ることになる。

その結果、奇跡的に達成できることもあれば、力及ばず未達に終わってしまうこともある。それはそれで、一生懸命に頑張った結果なので仕方がないのかもしれない。しかし、そのプロセスには大いに問題があると言わざるを得ない。最後の数ヵ月間で頑張って達成するような状態ではダメということだ。

京セラ創業者の稲盛和夫氏は、「土俵の真ん中で相撲を取る」と語っている。すなわち、「俵に足がかかってから頑張ってうっちゃるのではなく、土俵の真ん中にいる時から力を出し切って、そこで勝負をつけろ」というのである（稲盛和夫著『稲盛和夫の実学』日本経済新聞出版社）。

会社で言えば、目標達成が厳しくなってきてから奇跡の力を出すのではなく、期首のスタートした直後から、全力で目標達成に向かっていけということだ。最初はどうしても1年という長い期間があるため、「じっくりやっていこう」と余裕を持ってしまうものである。最初から全力疾走でいこうとはなかなか思わないだろう。

しかし、最初も最後も1日は1日、1ヵ月は1ヵ月で変わりはない。最後の1ヵ月でできることは、最初の1ヵ月でもできることなのだ。違うのは追い込まれて、「どうしてもやらなければいけない」という気持ちの強さだけである。そういう気持ちの強さが持てるのであれば、最初からその気持ちを持って動いたほうが、どんなに楽に目標が達成できることかと稲盛和夫氏は指摘しているのだ。

最初から力を出し切るために有効な方法は、小さな目標を1つずつ達成していくことである。

大きな目標を段階ごとに分解したものが、小さな目標だ。年間目標を達成するのはその年度の最終目標であり、大きな目標である。期首にいきなり達成できるわけはないが、切羽詰まってから頑張ろうと思っても到達できるわけがない。大きな目標を達成するための小さな目標が必要なのだ。

大きな目標の達成のために、小さな目標設定へ落とし込むことが、大きな目標を達成するためには大切な心構えになるわけだ。

その小さな目標が月次の数値目標である。さらに、小さくして１週間単位、１日単位の目標もつくる。売上や利益の数字だけではなく、それを達成するためのお客様の数、見込み客の数、営業訪問数、アポイント数など、細かい目標に落とし込む。これは業種によっていろいろ違ってくるが、自社の目標達成のためにとるべき行動の目標を決めていくのだ。

そして、それが達成したかどうかわかるように数値化していく。このように目標を小さく分解していくことが大きな目標達成のためのコツである。

そのうえで、これらの目標達成度合いを毎日確認し、毎日の数字を達成していった結果として、月次が達成され、年度目標が達成されることになる。もし、達成できない日や月があっても決してあきらめず、常にキャリーオーバーして１年間のどこかでリカバリーしていこうとすることで、目標達成の度合いは確実に上がっていくことになるのだ。

大きな目標に向かってぼんやりと仕事をしていても、達成できるものではないだろう。「◎◎になりたい」と思っているだけで、何もしていない状態では夢が叶うはずもないことと同じだ。「今日はここまで頑張るぞ」という小さな目標を日々積み重ねていくことこそが大切なのだ。

㉕毎日の数字を把握するために、日計表を活用しよう。毎日の数字のチェックを侮ってはいけない。経営は日々の利益の積み重ねで成り立っているのだから。

1ヵ月が終わると月次決算が出される。月次決算が出て、ようやく今月の実績はどうだったのかがわかる。この月次決算をいかに早く出すか、ということは重要である。しかし、本当に数字を経営に活かそうとするならば、これだけではいけない。

月末が終わり、翌月にならないと今月の状況がわからないようでは困る。それでは遅いのだ。今月の目標が達成できたかどうかがすぐにわからなければ、あるいは事前に予測がつかなければ、着実に目標を達成していくことはできない。

月次決算は毎日の数字の積み重ねで出るものだ。毎日活動した結果の数字が出され、その累計として月次の数字が出てくる。月次決算は、日次の累計の最終確認のようなものだ。

だからこそ、月次の目標を確実に達成するためには、毎日の実績を集計していくことが必要不可欠である。そこで、毎日の売上、仕入、粗利、経費などの日計表をつくるのだ。

小売業であれば、日計表は必ずつくっているはずだ。毎日営業が終わればレジを締め、その日の売上・仕入の集計と、現金残を確認するだろう。これは現金商売であれば、絶対にやらなければならないことである。

このようなことを、現金商売以外でもやるのである。毎日の売上や受注、訪問件数、見積もり件数などを出す。何を集計するかは、業種によって違ってくるが、月次の目標数値を達成するためにどのような数値を管理したらいいかは、独自に考えればいい。

その際、日計だけでなく、月初からその日までの日計累計もつくることがポイントだ。エクセルならば、日計を入れれば自動的に月の初日からの累計が出るようにしておけばいいだろう。

この日計累計の月末の数字が月次ということであり、月末の日計表ができれば、月次も自動的にできてしまうというわけだ。現場ではこのくらいのスピード感を持って、数字を確認してほしい。しかも、売上だけでなく利益もである。

毎月の利益は日々の利益の累計だ。だからこそ、常に毎日どうだったのか、このままいけば今月の着地点はこれくらいになりそうだ、ということがわかっていなければならない。

これがわかるからこそ、あとどのくらいやらなければいけないかも見えてくる。そのために何をしなければいけないのか、具体的な行動を考え実行していくのである。

月次の計画を達成するには、このような日々の取り組みが不可欠ということだ。毎日やるのは面倒だと感じるかもしれないが、一度きちんとした仕組みをつくってしまい、習慣として定着させてしまえば、そう骨の折れる作業ではないはずだ。むしろ仕組み１つで簡単に変わると思っていただきたい。

月次は、日次の積み重ねの結果だということをぜひ、全社員で意識しておいてほしい。

㉖目標は、掲げているだけでは意味がない。達成するためにどうすればいいか真剣に考え、今すぐ行動を起こせ！

私は「実践！社長の財務」というメルマガを毎週月曜日に配信している。配信を始めて、まもなく満10年になろうとしている。10年近くも続けていると、愛読者の方からよくメールをいただく。読者の方からの感想を頂戴することは大変嬉しいものだ。

その中からぜひ1つ紹介したい。それは、「目標をいかに達成するか」について、とても実践的な内容が書かれたものだ。

元々よく知っている方だったので、許可をいただきほぼ原文のまま掲載させていただく。

投稿いただいたＦさんは、損害保険会社に勤められていて、大変すばらしい実績を上げられた方である。人間的にもとてもすばらしい方なので、今後もずっとお付き合いさせていただきたいと思っている。

「営業所長になってすぐに、与えられた年間目標の分析をしました。そのうえで、月初めには、その月の目標と達成手段の確認会議をします。

20日にはその月の目標の達成度合いと、あと10日間での分

析の会議を開きます。達成の見込みがあれば、すぐに翌月の見込み分析の会議に切り替えます。

25日からは、毎日部下からの報告を受け、達成できそうもない社員と同行して、達成させる努力をしました。9年間、営業管理職でいた間、必ず上記を実行していました。

その結果、3年間で年間予算の各月達成度は34勝2敗でした。3年で支社長に昇格しましたが、同じことをやって4年間で同じような成績を残し、支店長に昇格することができました(保険会社は、支店があり、その中に支社があり、さらにその下に営業所がある)。

予算を達成することは当たり前と思っていましたが、8割の部署は予算を達成していない現実にはびっくりしたものです。個人で営業していたら、そんな甘い考えでは会社が成り立たないはずなのに……。また、研修等を通してそれらは勉強しているはずなのに……。なぜ?

現在は父の会社を相続し、不動産関係の団体の教育研修担当の役員をしていますが、中小の不動産会社の社員の方にいつも言うことがあります。

『将来独立することもあるだろうから、社長から与えられた毎月の目標は必ず達成せよ。できそうもないときは社長に遠慮なく言って、達成させる方法のアドバイスをもらい、場合によっては同行してもらえ。プロである社長や先輩のノウハウを盗め。

また、社長から示される目標は、社長の会社がそれを達成させれば健全経営できる会社の数字である。自分が独立したときに備え、

①自分なりの目標を別に立ててみよ

②会社の目標より低い場合や、達成が困難になったら、上記と同じように社長や先輩に相談し助けてもらえ』

毎回すばらしいメルマガをお送りいただいていることへの感謝を表すため、駄文を書きました。お読みいただきありがとうございました」

目標を達成するためには、それを掲げるだけ、言うだけではダメで、実際の行動が伴ってこそ達成できる。目標数字に対して、毎日いかにこだわって、具体的な行動につないでいくか、そのことが見えるような感想である。

ぜひ、参考にしていただきたい。

㉗売上目標を即答できない社員が、その目標を達成することは不可能である。

経営コンサルタントの横山信弘《よこやまのぶひろ》氏をご存知だろうか。年間100回以上のセミナーで5,000名超の経営者・マネージャーを集め、目標達成を実現させる指導を行っているコンサルタントだ。

横山氏はコンサルティングに入ると、営業全員に抜き打ちで自分の売上目標と「見込み」差額をホワイトボードに書かせるそうだ。

すると驚いたことに、自分の売上目標を即答できない営業社員がたくさんいると言うのである。横山氏は、今までの1万人を超えるマネージャーへのアンケート調査の結果、営業のなんと8割が売上目標に焦点が当たっていないことを突き止めている。これでは売上目標を達成できないのも当たり前だ。

あなたの会社ではどうだろうか。営業社員は、自分の売上目標と現在の見込みとの差額をしっかりと言うことができるだろうか。ぜひ、今度の営業会議で突然聞いてみてほしい。ちょっと怖いかもしれないが……。

経営者は、各部署のマネージャーや各社員が会社の売上目標、自分の売上目標は当然知っている、覚えているという前提で会議を開いたり、ときには朝礼等でハッパをかけたりしているはずだ。だが、売上目標を知っているという前提がまったく違っているかもしれないのだ。

そうであれば、やり方を変える必要がある。売上目標を達成するためには、当然だがその売上目標に焦点が当たっていなければならない。その売上目標をいかに達成するか、四六時中考えていることが重要になるのだ。

横山氏は、「売上目標に焦点を当てさせるのは簡単だ」と語る。それは、

「君の売上目標はいくらだ？」

と繰り返し尋ねることだという。この質問をたびたびするだけで、すぐに効果が出るという。時間がかかる営業社員もいるが、何度も繰り返すうちに全員が売上目標に焦点を当ててくるそうだ。これはぜひ実践してほしい。

売上目標に焦点が当たるようになれば、現在の実績との差額が自然に意識されてくる。実績と見込みを足して、目標にあとどれくらい足りないのかを常に意識するようになればしめたもの。「これはまずいな……」と危機感を抱くようになれば、あとはその差を埋めるべく自ら行動していくはずだ。

ただし、この行動は質より量が大事であると横山氏は言う。訪問の質を高めるよりも、接触回数、訪問件数を増やしていくことが重要なのだ。社内の会議や事務作業、その他何だかんだと社内にいるよりも、どんどん顧客先へ出向いたほうが確実に

成果が上がってくる。

言われてみれば、「確かに！」と思い当たることがないだろうか。売上の上がらない会社の営業社員は、社内にいることが多い。事務作業はルーズだが、年中外を飛び回っているような営業社員のほうが、成績がいいということは往々にしてある。

質をとやかく言う前に、お客様とのコンタクトを多くしていく。足で稼ぐ営業は古くさいと言われるのかもしれないが、営業は行動量がやはり基本なのである。（以上、横山信弘著『絶対達成する部下の育て方』ダイヤモンド社を参考にした）

㉘中小企業は中期・長期計画を立てる前に、単年度計画を達成させることに注力すべきだ。

あなたの会社では、単年度計画あるいは予算、中期計画、長期計画など数字の計画は、どの程度まで立てているだろうか。

弊社が関わっている会社では、中期計画（3～5年）や長期計画（5～10年）などは、ほとんど立てていない。小規模企業や中小企業では、そこまでやっても単なる絵に描いた餅で終わってしまうのがオチだから、正直やってもしょうがないと思っている。

ただし、上場企業など大企業では、市場や投資家からの要請で、中期や長期の計画も出していかないといけない。当社の顧問先にも、上場企業やその子会社が何社かあるが、やはりそこでは中期計画などはつくっている。

正直、本当に役立っているかどうかは疑問符付きだが、唯一役に立っていると思えるのは、単年度計画をつくるときに、3～5年先を見て、当年度の計画を考える習慣が身につくことである。

単年度の計画をつくる際に、その年度だけを見るのか、その先も見てその年度の計画をつくるのかでは大きな違いが生まれる。短期的な視野だけでなく、中長期的な視野も持って計画を立てなければ、重要なことが漏れてしまうことがあるからだ。

その意味で、中期・長期計画をつくる意味はある。すなわち、中期・長期計画、特に中期計画は、単年度の計画をつくるためにその存在意義があるのではないだろうか。中期計画は達成するためにつくるのではなく、方向性を決めるためにつくる。そういうものだと理解している。

そうなると、中期計画はいったんつくったら終わりではなく、毎年これから3年間どういう方向でやっていくのか、「そのうえで今年は……」という思考になるはずだ。毎年、中期計画を見直してつくり直していくことが大切だ。

そうしてできた単年度計画は、必ず達成する。何が何でも達成するという意識を、社員全員で持つことが強い企業になるには必要である。こんな使い方ができるのであれば、中小企業でも中期計画をつくってもいいと思う。

㉙どんなに心が強い経営者でも、くじけてしまいそうな、あきらめてしまいそうな気持ちになるときがある。
それでももう一度、「頑張ろう」と思える、自分を励ます言葉、勇気をもらえる言葉を持っていたい。

経営目標や計画の達成では、最後はその人の気持ち、気力にかかってくる。何としてでも目標を達成するという強い気持ちがなければ、高い目標は到底達成できないものだ。

その気持ちをいかにモチベーション高く持続させていくことができるか、この点がとても重要になる。高い目標を達成することは日々、辛いことの連続だが、ちょっとしたことですぐくじけているようではいけない。

そこで、人それぞれの気持ちの高め方、維持の仕方があるはずだ。明治初期から昭和の終わり近くまで生きた平《ひら》櫛《ぐし》田中《でんちゅう》という木彫家がいた。その方の言葉が、私はとても好きだ。この言葉を読むと力が湧いてくる。

それは、次のような言葉である。

実践　実践　実践　また実践
挑戦　挑戦　挑戦　また挑戦
修練　修練　修練　また修練
やって　やれない　ことはない
やらずに　出来る　わけがない
今やらずして　いつ出来る
俺が　やらねば　誰がやる
やって　やって　やり通せ

これを読むと、「まだまだ努力が足りないな、やって、やって、やり切っていないな」と思う。こういう強い言葉が出てくる精神力と生命力があったからこそ、平櫛氏は生涯現役を貫き通し、107歳まで生きることができたのである。

この言葉から勇気をもらい、今日から気持ちを新たにまた頑張っていこう！

第4章

キャッシュはこうして増やせ！

㉚町の八百屋のような現金商売を目指すこと。それが「いい会社」になるための近道だ！

第１章でも触れたが、「いい会社」とはどのような会社だろうか。

いい会社とは、私流に言えば、「社員が幸せになる会社」と述べた。もちろん、お客様や社会の役に立つことが会社の使命である。そのためには、まずは社員が幸せであることが大事だと話した。

「社員が幸せになる会社」になるためには、会社が存続していくことが絶対条件である。潰れたり、いつ潰れるかわからないような会社では、社員は安心して仕事をすることができない。永続していける会社が、いい会社の前提である。

そのために必要なことは何かと言えば、会社の利益に他ならない。利益を上げなければ給料は払えず、会社を維持・発展させていくためのさまざまな経費を払うこともできない。たとえお金を借りても、いずれは利益で返済していかなければならない。増資でまかなうにしても限度がある。会社を継続していくための原資は、唯一、利益だけしかないのだ。

ところが、利益が上がっているだけでは、現実的には会社を継続していくことができない。なぜか。それは、利益が現実のお金（資金）になっていなければ、実際には支払いができないからだ。いくら利益が上がっていても、実際の支払いができなければ、会社は資金に詰まって倒産することになる。

では、利益と資金はどのように違うのだろうか。「利益が上がっていても、資金がない」ということがあるのだろうか。

会社の利益は、会計基準などにしたがって計算される。たとえば、商品を販売した場合の売上は、商品を引渡したときに計上され、必ずしも現金を受け取ったときではない。現金回収は翌月末だったり、手形だったりする。また、商品を仕入れて現金を払っても、必ずしも仕入という経費にはならない。その商品が売れるまでは、在庫という資産になるのだ。

このように、利益を計算する際の売上や仕入などと資金の動きは一致しないことが多い。これはさまざまな経費や資産の購入などでも起こってくる。

こうした理由から黒字倒産が起こる場合もある。利益は出ているのに、倒産してしまうことがあるのだ。

数年前に典型的な事例があった。2008年8月の株式会社アーバンコーポレイションの倒産だ。同社は2008年3月期では売上高2,436億円、当期純利益を311億円も計上していた。それなのに数ヵ月後に経営破綻してしまったのである。

これはいったい何が原因だったのだろう。決して粉飾していたわけではない。実は、同社は不動産業で在庫を多額に抱えてしまったのだ。サブプライム問題が起こり、リーマンショック直前で不動産が暴落し、売るに売れなかった。そのため、会計上は利益が出ても、資金は底をついていたわけである。

このような資金不足を起こさないようにするためには、「利益と資金を近づけていく」という考え方が求められる。利益＝資金にすれば、現金を見て確実に経営することができるからだ。その典型的な形が、現金商売である。

町の八百屋さんや魚屋さんのような現金仕入れ・現金販売は、在庫はその日の分しか持たず、最後は値引きしてでも完売するというスタンスだ。こうすれば毎日が日次決算のようなもので、確実に利益を把握できて、その分の現金もあるという状態になる。ただし、他の業種では現実的にはなかなかそのようにはできないだろう。

しかし、このような状態を目指すことはできるはずだ。売上はできるだけ早く回収する。仕入代金はその回収後に支払う。さまざまな経費も回収後に支払うように組み立てる。在庫は極力持たない工夫をする。固定資産などもできるだけ持たない経営をするのだ。

こうして、疑似現金商売を目指すことが、利益を上げ、かつ資金繰りもよくなる「いい会社」にしていく道なのである。

㉛現預金の目安は、2つ。通常支出額2ヵ月分以上か、月商の1.5ヵ月分以上。経営者として最低限はクリアしたい数字だ。

会社を経営するうえで、現預金はどれほど持っている必要があるだろうか。

もちろん、多ければ多いに越したことはない。上限はないが、やはり最低このくらいは持ってほしいという下限はある。

1つには、毎月の通常支出額の2ヵ月分以上を持っておくことである。まったく売上がなくなっても、仕入代金の支払いも含め2ヵ月分以上現預金を持っていれば、最低限回していくことはできる。

買掛金の支払いは、1ヵ月から2ヵ月の間には支払うので、その分の現預金を持っておく。そうすることで、売掛金の回収がまったくできなくなっても、支払っていけるというわけだ。

もう1つの考え方としては、現預金月商倍率というのがある。

計算式は図2（110ページ）のとおり。これは、現預金を月商（月売上額）の何倍持っておくか、ということだ。この倍率が1.5以上、すなわち月商の1.5ヵ月分以上の現預金を持っていれば、当面は安心である。この指標は大変わかりやすく、覚えやすいということでよく使われている。

ちなみに、この倍率が1.0を下回るようだと要注意だ。また、逆にこの倍率が2.5以上になれば、かなり余裕を持った資金繰りができる。

御社の現預金は、月商の何倍あるだろうか。ここで言う現預金は、基本的にはすぐに使える現金と流動性預金（当座預金や普通預金）を指している。現状をきちんと把握するためにも、一度しっかりと確認していただきたい。

図2【現預金の必要額】

1．毎月の通常支出額（買掛金支払い含む）×２ヵ月分以上

　　または

2．現預金月商倍率　１．５以上

　　現預金月商倍率 ＝ 現預金 ÷ 月商

㉜回収なくして、売上なし！ 早期回収のために、経営者は闘う決断をせよ！

現金商売を目指すには、まずは何といっても回収を早くすることである。

売上を早く回収するためには、当たり前であるが、それを意識した行動をすることだ。１ヵ月後だったものを１ヵ月以内に、手形回収だったものを現金（振込みも含む）回収に変えていくことである。そのためにはどのようにアプローチしたらいいのかを必死に考えてほしい。

だが回収方法について、何とかして変えようとしている会社は少ないように思う。売上を上げるまでは必死だが、売上を上げると安心して気を抜いてしまいがちなのだ。

経営者や営業社員は、「商品を渡した、サービスを提供した」だけでは売上ではない、と考えてほしい。もちろん、会計のルール上、売上は立つのだが、経営的には売上ではないと考えたほうがいい。

会計のルールはあくまでも決算書をつくるための基準だ。税金を計算する場合も、このルールを使わざるを得ない。ただし、経営上では、回収して現金化して、初めて本当の売上と考える。

これこそ経営の基本ではないだろうか。

この感覚を営業社員たちに持ってもらいたい。売上を上げる最前線にいる営業社員が、「納品すれば売上完了」と思っていたら大変なことになってしまう。もちろん、回収をまったく考えていないということはないだろうが、「回収して初めて売上」ということを強く意識していない。だから、回収が早くならないのだ。

営業社員の評価も、できれば回収時点で行いたいものである。販売と回収と両方を取り込んだ評価にしてはどうだろうか。私は、それだけ営業社員の意識が重要だと思っている。

経営者の意識はさらに重要だ。経営者は、そのあたりのことはよくわかっているはずだろう。何しろ、回収しなければ資金が詰まってくるからだ。その結果は、すべて経営者に降りかかってくる。

だが、借入れや支払いで資金繰りを工作しても、売掛金をもっと早く回収して資金繰りをしようという発想が少ないのが現状である。回収の重要さはわかっているのだが、回収で資金繰りをしようとはなかなかしないものだ。

それは、なぜか。

1つには、相手がある、ということがあるだろう。自分だけでできることならすぐに行うが、相手を動かして資金繰りをしようというのは、手間と時間のかかる対策だからだ。

それともう１つは、得意先だから遠慮している、ということだ。得意先の機嫌を損ねると、次から買ってもらえなくなるかも……、と考えてしまうのだろう。そんな心配があるので、「早く払ってくれ」といった催促の言葉は確かに言いにくい。

しかし、そこはお互い契約の関係である。守るべきことはきっちり守り、違反すればしっかりと言う。これはビジネスとして割り切って考えないといけない。契約を守ってもらえないような取引先には、自社を潰さないために闘う姿勢を見せることも、場合によっては考えなければいけないだろう。

回収を早くすることは、場当たり的な資金繰りではなく、ずっと続いていく資金繰り好循環の基本となる。一度、早期回収のいい流れをつくれば、あとはたいした努力をしなくても好循環が続いていくからだ。

自社の取引慣習をつくってしまえば、「本当に期限には払ってくれるのだろうか」とか、「この日までに払われないと資金繰りが苦しくなってしまう……」など、必要以上に気を揉まなくてすむはずだ。これをやらない手はない。早期回収のために闘う覚悟を決めてほしい。

㉝売掛金の年齢を調査し、4ステップで確実な早期回収を実現しよう。

ただ待っていても入金は早まらないものだ。

回収の仕組みをつくって、こちらからアプローチをかけていこう。

資金繰りの好転は、早期回収から始まる。

さて、それではいったいどうすれば早期回収を実行することができるのか。ここでは、その具体的な実践法をお伝えしていきたい。

たとえば、あなたの会社の売掛金が、毎月末5,000万円ぐらいあるとする。「早期回収をしていこう！」とするのであれば、まず売掛金残高の目標数字を設定することだ。

売掛金の残高を半分にしたいのであれば、上記例では常時2,500万円にするのが目標となる。削減される2,500万円は現預金が増えるわけで、これができるとものすごく資金繰りが楽になるはずだ。

一気に2分の1になるわけではないので、資金繰りが楽になることをなかなか感じられないかもしれないが、ある日気がつくと「随分楽になったなぁ……」と思うだろう。資金繰りは、苦しくなるときも楽になるときも、徐々に感じていくものだからだ。

全体で大枠の目標を決めたなら、今度は売掛金の中身を詳細に見ていくことになる。

図3（116ページ）を見ていただきたい。これは、売掛金の年齢調査というものを行っている表だ。

たとえば9月末に残っている得意先別の売掛金について、

1. 当月（9月）に発生したものはいくらあるか？
2. 前月（8月）に発生したものはいくらあるか？
3. 前々月（7月）に発生したものはいくらあるか？

4. それ以前に発生したものはいくらあるか？

というように、売掛金の残高を発生月別に分けていくのだ。

図3【売掛金年齢調査表】

（単位：万円）

得意先	売掛金残高	当月発生分	前月発生分	前々月発生分	それ以前分
A商店	5,000	3,000	2,000		
B商店	3,500	1,000	1,000	1,000	500

この表を見ると、売掛金を半分にするには、どの部分を減らせばいいのか見えてくる。

まずは、前々月発生分とそれ以前発生分について、これらはすべて減額の対象となるだろう。すなわち、これらをまず回収する。さらに、売掛金を半分にするためには、前月発生分も減額していく方法を考えなければならないだろう。個別交渉もあるし、全体でのルール決めもある。ここまでやると、かなりの売掛金削減ターゲットが見えてくるはずだ。

そのうえで、次の4ステップの具体的な行動を起こしていく。

1. 売掛金年齢調査表などにより、個別の得意先、あるいは得意先グループごとの削減目標を決める。
2. 削減目標を決めた得意先については、最低月1回の「月次会議」「営業会議」などで、その削減進捗状況を各担当者が発表する。早期回収ができたところ、できなかったところ、その原因、今後の対応を各担当者に話してもらう。それについての質疑・アドバイスなどを行う。

3. また、今後の取引についての基本ルールを決める。

・入金サイトは、どのように設定するか?

納品後、1ヵ月以内なのか、1週間以内なのか、等々。当然、相手があることなので、そのとおりにならないことも多いかと思うが、当社の基本を決めておくことが重要である。

・入金方法は、どのようにするか?

振込みなのか、現金・小切手回収なのか、手形は許容するのか、自動引き落としなのか、代引きなのか、前金なのか……。もちろん、できるだけ早く、確実に回収する方法を決める。これに沿わない得意先は、取引をするのかどうか、その覚悟も決める必要がある。

・契約書や見積書、約定書などをきちんとつくる。

取引を始めるにあたっては、業種にもよるだろうが、できるだけ文書を交わす、差し入れることが重要だ。売掛金の回収にあたっては、最初が肝心である。最初にきちんと取り決めをしておかないと、相手のペースになってしまうからだ。「これを了承していただかなければ、取引はしない」という覚悟できちんと書類をつくることが必要なのだ。

4. 以上のようなルールを決めたうえで、日常業務をルールどおりやっていくことが大事である。たとえば、次のようなことだ。

・約定の入金期日に入金がない場合は、経理担当者が営業担当者に迅速に伝え、営業担当者は先方に確認・督促をする。

・それでも入金がない場合は、あらかじめ決めたルールに則り、何日を過ぎたら再請求書を出す、営業が訪問して話をしてくる、所定の文書を送る、法的手続きを取る、取引の停止をするなど、社内ルールに基づいて行動を起こすことになる。

　大事なのは、ほったらかしにしないということ。お金のことにルーズでなく、きっちり言う会社はかえって信頼されるものである。それで恨みを買うような得意先であれば、レベルの低い得意先だと思い、取引を控えていくぐらいのほうがいいだろう。

　また、きちんと言ってくる相手には、資金繰りが苦しくても、優先して払うということもある。何も言わないところに対する支払いは、残念ながら遅くなるものだ。

・請求書は迅速に発行する。月締めで発行するのもいいが、単発の取引などは、取引が終わったら即座に請求書を発行するほうが入金は早くなる。

・さらには、前金の請求、着手金の請求、当月分の前月末請求なども、検討に値するだろう。たとえば10月分を9月末に請求し、10月末までに入金してもらう。事前に請求することにより売掛金の計上も必要なくなる。

・請求書に入金期日を入れておくのも効果的だ。「○月○日までに、お振込みください」というような一文をさりげなく入れておくことで、その日までに振り込んでくれる可能性はグンと高くなる。もちろん、取引条件が決まっていれば、それに則った入金期日を入れておく。

以上、少し長くなったが、このような行動を地道にやることにより、早期回収の仕組みがつくられ、売掛金は徐々にでも減っていく。やがて資金繰りのよさを実感することができれば、さらに回収に弾みがつくことだろう。

指をくわえて入金されるのをひたすら待っているより、自ら動くことで現状は変えられるのだ。

㉞電話一本を徹底するだけで、貸し倒れは防ぐことができる。

弊社の顧問先で、ファッション業界専門の人材派遣会社がある。

その会社は設立６～７年の会社だが、今までに一度も売掛金の貸し倒れがない。ファッション業界なので、景気や流行の波があったり、派遣先には小さいお店などもあったりで、決して安定した優良企業が相手ではないのに、である。

なぜ、貸し倒れ、回収不能が１件もないのか。それには秘訣がある。

まず、当初に契約をしっかり結ぶ。当然、そこには派遣料の支払日が記載されている。毎月何日締め、何日払いというように書かれている。これは、どんな会社でも当然、記載される内容だ。

しかし、その契約が常に守られるかというと、なかには守れない得意先も出てくる。経理がルーズであったり、月によっては資金繰りが厳しかったり、理由はいろいろあるだろう。

多くの会社の場合は、多少遅れても、「何らかの理由があるのだろう」と待ってくれる。だが、その会社は支払日に入金がないと、即その日のうちに営業担当者が得意先に連絡を入れることになっている。そして、事情は聞くがすぐに払っていただくように依頼するのだ。

最初の電話は、事務のミスということもあるだろうから柔らかいトーンでかけるが、数日中に支払いがない場合は再度連絡し、今度は多少きついトーンで、いつ支払うかを約束してもらう。

その支払日に振込みがあればいいが、なければ訪問してでも集金をしてくる。集金するまでは担当者は帰って来られないという厳しさだ。

そこまでやって、売掛金を回収している。支払いについては一切妥協しない姿勢を貫いているからこそ、貸し倒れがゼロなのである。

支払うほうの立場に立てば、うるさく厳しく言ってくるところには、優先して支払ってしまうものだ。資金繰りが苦しくて、全部を支払えない場合は、どうしてもそうなる。優先して支払ってもらえる相手先になっておくことが、貸し倒れを起こさないためにはとても重要なことなのだ。

以上であれば、厳しく取り立てろ、ということかと思われるだろうが、実はそれだけではない。むしろ、それ以外のことが重要なのである。

この会社は、得意先から入金があると、そのすべてに営業担当者が必ずお礼の電話をかけるのだ。毎月毎月、「ありがとうございます」と、お礼の電話をするのである。だからこそ、たまに遅れたときに催促の電話があっても、快く応じてすぐに払ってくれる。

これはもう、「さすが！」としか言いようがない。メリハリがはっきりしていて、徹底しているところがすごい。このような会社の姿勢を、得意先の方も十分理解しているのだろう。

これであれば、貸し倒れがゼロというのも頷ける。付け足しだが、入金のお礼の電話をしたときに、追加オーダーをいただくことが何度もあるそうだ。

この会社は、何かとても難しいことをしているわけでも、誰もやっていないような特別なことをしているわけでもない。支払いがあってもなくても、その日のうちに電話一本を忘れずに入れることを徹底しているだけだ。真似することはやさしいはず。ぜひあなたの会社でも実践してみてほしい。

㉟借入金は「テコの原理」と同じで、十分な効果が期待できるときにするのが理想だ。返済時の苦労を想像し、安易な借入れは控えよう。

利益と資金を一致させるという意味では、借入金はできるだけ避けるべきである。無借金経営が無条件によい、という話ではない。借入金は、利益とは関係のない「資金の増・減」を伴うので、よほど注意しておかなければならない。

資金増のとき（すなわち借りたとき）は、資金に困ることはないのでまだいい。ただし、気が緩んで余分なことに使ってしまうことがある。気を引き締めて目的どおりに使わないといけない。そして、資金減のとき（すなわち返済のとき）に、多大な困難が待ち受けていることを理解していただきたい。

借入金の返済は経費にはならないので、利益の中から返さなくてはいけない。したがって、まずは利益を上げること、これが返済のための最低条件である。

しかも、税金を払いながら、残った利益で借入金を返済していく。これが苦しい。なぜなら今まで言ってきたように、利益が出ていても、お金がないということが多いからだ。

「借入金の返済がなかったら、どんなに楽だろう」と、経営者であれば一度や二度は思ったことがあるはずだ。借入金の返済がいつ終わるかを楽しみにしている経営者が多いのも頷ける。

借入金は「テコの原理」と同じだ。いわゆるレバレッジ効果である。自分の力（お金）だけではできない事業を、借入金というテコ（お金）を使うことで実現させる。それこそが借入金の本来の役割だ。

したがって、確実にテコの原理を応用できる、この借入金で大きな仕事を動かすこともできる、見返りも十分に期待できるというときに、借入金を使うのが理想である。たとえば、設立して事業を始めるとき、新規事業に進出するとき、事業を拡大するとき、収益物件や事業を買うときなどに借りるのだ。

間違っても、「資金繰りが苦しいから」という理由だけで借りてはいけないのである。

㊱借入金は、「いくらまで借りられるか?」ではなく、「いくら返せるか?」を考えるべきだ。

「借入金はいくらまで借りていいのですか?」とは、よく聞かれる質問である。

「売上の3ヵ月分まで」とか、「6ヵ月分までは何とか大丈夫、それを超えると危険」などと言われるが、これは一概に言えることではない。なぜなら、会社によって利益率は違うし、キャッシュフローも違うからだ。そのため、一概に「売上の何ヵ月分」という言い方はできない。

借入金はいくらまで借りられるかを考えるには、毎月あるいは毎年いくら返済できるのか、ということから考えなければいけない。借りたら返さなくてはいけないのであり、いくら借りられるかよりも、いくら返せるかのほうが重要だからである。

もう1つ考えなければいけないことは、借入金は何から返すかである。借入金を返すのに人から借りて返したのでは、借入金の残高は一向に減らない。では、何から返すか。まずは、利益から返すしかない。利益を上げて、税金を払い、その残りからしか借入金を返済する財源は出てこない。

それからもう1つ財源がある。減価償却費である。減価償却費は、支出の伴わない経費だ。経費として利益から差し引かれているが、支出は伴っていないのである。

したがって、利益に減価償却費を足した金額が、借入金の返済原資と考えることができる。おわかりになるだろうか？　利益から借入金を返すのが基本だが、利益から引かれてはいるが、支出を伴っていない減価償却費も返済原資として見てもいいだろう、ということである。

この返済原資の10年分ぐらいまでは借入れすることが可能ではないだろうか。当然、貸してくれる金融機関の査定によるので、そこまで借りられるかどうかはわからない。

ここまでの説明を図にしたのが、図4である。確認していただきたい。当然、利益が出ていなければ返済原資は出てこない。赤字で苦しいからお金を借りたい、というのは本来からすれば借りられないことになることを、肝に銘じてもらいたい。

図4【借入金の限度額】

1．返済原資

年間返済可能額 ＝ 税引後当期純利益 ＋ 減価償却費

2．借入金の限度額（例）

借入限度額　＝　年間返済可能額　×　１０年

㊲資金を寝かせないためには、売掛金・在庫・固定資産をとにかく減らせ!

お金は出ているが経費にはならず、長期に資産として残ってしまう状態を、「資金が寝てしまっている」と言う。資金が寝てしまう、その三大要素と言えば、売掛金・在庫・固定資産である。

この3つの科目の金額は、貸借対照表の中でもかなり大きなパーセントを占めているはずだ。資本金の出資を受け、銀行からお金を借り、仕入先からは信用で仕入れる（買掛金）などして調達したお金のかなりのパーセントが、この三大要素に変化しているのである。

あなたの会社では、この三大要素の占めるパーセントはどうなっているだろうか。80%以上あるとなると、少し固定しすぎ＝多すぎるだろう。相当、資金がきつくなっているはずだ。

ちなみに、固定資産には土地建物や機械などの有形固定資産や、特許権やソフトウェアなどの無形固定資産だけでなく、保証金などの投資その他の資産も含まれる。1年以上換金される見込みのない資産が、固定資産ということだ。

資金繰りの問題を解消し、財務内容をよくするためには、この三大要素への資金の固定化を極力減らすことである。売掛金や在庫は流動資産に入っているが、通常その残高は大きく変動しないため、固定されているようなものだ。

「資産に計上されている」ということは、その分の税金を払っていることになる。在庫であれば売れたときには原価になるが、それまでは資産である。固定資産も、償却したり除却したりするまでは、経費にならず資産になっている。支払いは済んでいるのに、経費になっていないということは、税金を払っているのと同じだということだ。

さらに、資産であると言っても、現預金ではないので支払いに使うこともできない。だから、この三大要素が大きくなると、資金繰りは厳しくなるのだ。

結論としては、この3科目の金額を極力減らすことに尽力してほしい。これらを現金化あるいは費用化することは、経営にとって大変重要なことなのである。

㊳「持たない経営」を徹底する会社が、唯一持ち続けたもの。それが、「目に見えない資産」である。

小さいけれども収益性の高い会社、資金繰りのいい会社を目指すのであれば、「持たない経営」をすべきである。特に前項の三大要素は、できるだけ持たずに経営していきたいものだ。

とは言え、売掛金や在庫は、減らす努力はしても、事業が成長発展すればある程度は持たざるを得ない。ただし、固定資産については、持たないことも可能である。

私が独立した当初からの顧問先で、映像制作を行っている会社がある。テレビや劇場用の映像作品を制作するプロダクションだ。この会社の経営方針の1つが、まさにこの「持たない経営」なのである。

持たないものの1つがスタジオだ。当初から、作品を制作するスタジオは作品が増えるごとに1つひとつ事務所を賃借し、制作が終わると次の企画がない限り返してしまう。本社のまわりにそのようなスタジオが衛星のように存在しているのだ。

「1ヵ所にまとめたほうが効率的ではないか」という話も出るが、それよりも機動性を重視し、固定化させない。もちろん、本社も賃貸を継続している。

さらに当初は人材も持たないようにしていた。売上が数十億円になっても社員わずか２名という時期も長くあった。プロダクションは技術職が多いため、制作に関わる人は作品ごとの契約者や外注先で構成していたわけだ（今では労基法の関係もあり、社員２名というわけにはいかなくなってはいる）。

このような「持たない経営」を続けてきたため、今では大変すばらしい財務内容になっている。無借金はもちろんで、自己資本比率90％以上、資産の90％以上は現金性資産が占めるという、とんでもない内容の会社にすることができたのである。

映像制作のプロダクションは、作品がヒットしてなんぼの会社であり、本来であれば非常に不安定な会社だと言えるだろう。いざ作品がなくなったときに、スタジオや人材が固定化されてしまえば、経費負担だけが残ってしまう恐れがある。だからこそ、「持たない経営」をしてリスクを回避してきたのだ。

ただし、１つだけ一生懸命持とうとしてきた資産がある。それは、目に見えない資産だ。それこそ映像コンテンツであり、著作権であり、ブランドであり、企画力であり、この会社の作品を愛するファンである。この目に見えない資産が、将来の収益を生み出してくれる。

会社は目に見える資産、Ｂ／Ｓに載る資産を持つ経営を目指すのではなく、このような「目に見えない資産を持つ経営」を目指すべきではないだろうか。

㊴減価償却費は、お金が出る時期と経費になる時期が異なる。この特殊性を理解したうえで経営することが、資金の流れをよくすることにつながる。

資金の流れをよくする経営において、「減価償却費」という経費は重要な役割を果たす。

減価償却費について多くの方はご存知かと思うが、知らない方のために簡単に説明しよう。

たとえば、100万円で機械を購入した場合、これを一時の経費にするか、資産に計上するかという問題が生じる。機械は少なくとも5年にわたり使用できるとすると、その期だけの経費にするのは合理的ではないと考えられる。

そこで、この機械の購入費用を使用できる5年にわたり、経費化しようということになる。この費用化の手続きを「減価償却」という。この場合の1年間の減価償却費は、100万円÷5年＝20万円となる。この計算方法を定額法という。

では、なぜ減価償却費は、資金の流れをよくする経営において重要なのだろうか。それは、減価償却費の特殊性によるが、何が特殊かというと減価償却費はお金が出る時期と経費になる時期が異なっている、ということである。

・お金が出る時期＝「購入したとき」には、経費にならない。

・経費になる時期＝「償却をするとき」には、お金は出ないのに経費が発生する。

経営の実務的に見ると、

・購入するときは、多額のお金が出て資金的に苦しいが、経費にもならないので、税金の追い討ちがあり、さらに資金的に厳しくなる。

・償却するときは、経費になるけれどもお金の出費はなく、税金も減るため、資金繰りがとても楽になる。

ということになる。もちろん、実際には資産は１つではないので、購入と償却が入り混じって、単純に上記のようにはならない。

ここで大切なことは、減価償却費の特徴を十分に理解し、経営することである。たとえば、次のようなことだ。

●固定資産を購入するとき

・資産を購入する場合は、できるだけ固定資産にならないようにする。

→　経費で落ちる部分を多くするように工夫して購入

・固定資産に計上する場合は、できるだけ耐用年数が短くなるように工夫する。

→　細分化することにより一部に短い耐用年数を適用する、

中古資産を購入して短い耐用年数を適用する、など

●固定資産を償却するとき

・早期に償却できる制度を活用する。

→ 特別償却や一括償却、少額資産の特例などを活用して早期に償却

・使わなくなったら早めに資産から落として損金処理をする。

→ 売却、除却、有姿除却（物はあるが帳簿上は除却すること）などを適切に行う

より重要なことは、減価償却費と固定資産購入資金（設備投資資金）のバランスである。前述のとおり、購入時にはお金は出るが経費にならない、償却時にはお金は出ないが経費になるのが、減価償却費の特徴だ。

したがって、資金の流れをよくしていくためには、毎期、減価償却費の範囲内で設備投資をすることである。お金の出ない経費（減価償却費）の範囲で、経費にならない出費（設備投資）を行うのだ。

これによって、経費＝出費となってバランスが取れ、資金の流れがよくなる。たとえば、減価償却費が年間500万円あれば、設備投資は500万円以内にするということである。

実際には、借入金などで設備投資をすることが多いだろうから、計算式としては、図5（134ページ）のようになる。この

バランスを取っていくことを心がけてほしい。

図5【設備投資資金と減価償却費のバランス】

（固定資産購入の現預金支出額＋設備資金の借入金返済額）
≦　減価償却費

㊵余裕のある経営は、1日にしてならず。

確実に内部留保を貯めていくこと、バランスシートを見直してキャッシュを増やしていくこと。

2つの「コツ、コツ」を続けて「ダム式経営」を目指そう。

資金に余裕を持って経営をしようとすれば、松下幸之助氏が提唱した「ダム式経営」を目指すべきである。

好景気で事業が好調なときには、ダムに水を貯めるように利益を着実に内部留保し、無駄遣いをせずキャッシュを十分にストックしておく。そして、いったん不景気になり、事業が思わしくなくなってきたときには、ダムの門を少しずつあけて水を供給するように、蓄えた資金で不況を乗り切る。

このようなダムの機能と同じことを、経営においても行わなくてはならない、余裕のある経営を実践すべき、というのが、松下幸之助氏が言う「ダム式経営」である。

不況になってからでは遅いのだが、不況になり苦しまなければわからないというのが、多くの経営者の実感ではないだろうか。だからこそ、現在苦しんでいる経営者は何とか苦境を脱したならば、これからはぜひ「ダム式経営」を目指してほしい。

どうすれば、「ダム式経営」ができるのか。

コツは、2つ。「コツ、コツ」である。会社の場合、急にダムの水は貯まらないものだ。そのためには、1つには毎期、毎期、着実に利益を上げて税金を払い、内部留保を貯めていくこと。そしてもう1つは、常にバランスシートを見直してキャッシュを少しずつでも増やしていくことである。

バランスシートを見直して、キャッシュを増やすとはどういうことか？

簡単に言えば、キャッシュ以外の資産をできるだけ現金化することだ。売掛金や在庫や固定資産などを減らすことによって、それらの資金を現金に持ってくることである。

売掛金を減らす＝回収を早くすれば、それだけ現金が増える。

在庫を減らす＝在庫への投資を減らせば、それだけ現金が増える。

固定資産を減らす＝固定資産への投資を減らしたり、遊休資産を売却すれば、それだけ現金が増える。

もちろん、その他の資産や負債の見直しもある。

このような資金を増やす方策を、それこそ数年かけてやっていくことだ。この積み重ねによってしか、ダムに水を蓄えていくことはできない。

普通の会社は、長年かけていざというときに使える資金を貯めていくしかない。だから、少しくらい経営が順調だと思っても調子に乗らず、経費節減やバランスシートの見直しを続けていくことが大事なのだ。

ぜひ、この「コツ、コツ」を胸に刻んでいただき、「ダム式経営」に邁進してほしい。

㊶資金調達の方法は、千差万別。
銀行借入だけしかない、という常
識に囚われてはいけない。
「お金がない」と嘆く前に、全力
で知恵を絞れ！
闘い続けた経営者だけに、成長
のヒントは与えられる。

資金調達と言えば、銀行借入しか頭にないようでは話にならない。業種やその人の経歴、考え方次第で資金調達はいろいろな方法があるのだ。

「お金がないから起業できない」とよく聞くが、それは知恵を出していない証拠だ。知恵を絞れば、お金がなくてもできる方法がたくさんあるはずだ。

弊社の顧問先の不動産会社社長（仲介および建売）は、驚くべき方法で資金調達をして事業を立ち上げた。なんと広告費を6ヵ月間支払わない、という資金調達法をしたのである。

調達というとお金を持ってくることだけを考えがちであるが、本来出るお金を払わない、先延ばしにするということも、資金調達の1つである。もちろん、6ヵ月分の広告費を踏み倒すわけではない。

7ヵ月目から半年間で最初の6ヵ月間の広告費を払っていく。当然、7ヵ月目以降の毎月の広告費も払っていく。つまり、7ヵ月目から毎月2ヵ月分ずつ払っていくということになる。こうした約束を広告代理店から取り付けて、事業を立ち上げたのだ。

不動産会社にとって広告費は、創業にあたって最も重要な経費、投資である。今はインターネット広告が主流かもしれないが、1980年代当時は毎週バンバン折込みチラシを入れて契約を取っていくスタイルだった。

6ヵ月もあれば、反響→契約→引渡→売上・入金も2回転ぐらいはするはずだ。その分の広告費を払えるキャッシュは十分生み出すことができるというわけだ。

こうしたしっかりとした戦略と度胸を持って、広告代理店に提案したのである。もちろん、創業社長の戦略と想いに共感した広告代理店にも、人を見る先見の明があったからできたことだろう。この会社はその後急速に成長し、10年で売上100億円、社員200人の会社になっている。

その他にも、資金調達はさまざまな方法がある。

ある映像プロダクションは、設立時、多少権利関係の条件が悪くても、制作費の前受金をもらう契約を取り、映像制作を受注していた。最大限コストをかけて赤字スレスレでいい作品をつくる。そして、ヒットさせる。それによって、次の作品につながっていく。これを繰り返していけば、次第に条件もよくなってくると考えたのである。

「あの会社に頼むと、いい作品ができる」「ヒットする可能性が高い」ということで、条件が次第によくなってきたため、現在では売上20億円で利益も十分に出る会社に成長している。

また、ある会社では経理を徹底的に正しく早く行い、銀行に毎月報告し、銀行とのパイプを非常に強くした。不況時でも業績はそこそこだったので、関連会社には赤字会社もあったが、銀行からの信頼は抜群だった。実質無担保の融資も受けられて、資金調達は常に困らない状況になったのだ。

お金がなくてもさまざまな知恵を出せば、苦境を乗り切ることは必ずできる。お金がない、お金をかけないからこそ、知恵が出る。知恵を出さざるを得ないのである。実はそこに、成長のヒントが隠されていたわけだ。

安易にお金が使えることは、決して事業の発展に貢献するとは限らない。ピンチに追い込まれることで生まれる知恵が、会社の成長の一助となるのだ。あきらめることなく、知恵を出すための闘いを挑んでもらいたい。

第５章

会社はこうして継続させよ！

㊷税金を払わないと内部留保は貯まらない。

会社を強くして継続させていくためには、内部留保を蓄積していくことが重要である。そのために、私は「税金を払わないと内部留保は貯まらない」ということをよく話している。

すなわち、税金を払えば払うほど内部留保が貯まり、会社は強くなるということである。しかし、これは一般的にはなかなか理解されにくい。

「税金を払ったら、儲けたお金がなくなってしまうじゃないか」

「なぜ、それで会社が強くなると言うのだ」

「なぜ、それでお金が貯まると言うのだ」

こう思っている方が多いはずである。そこで、このことを理解していただくために、以下はできるだけわかりやすく解説していくことにする。

ここで、会社の本当の利益とは何かについて知っていただきたい。

まず、「あなたは会社を経営していて、儲けたいと思いますか」と聞いたとする。おそらくほとんどの経営者は、儲けたいと思っているはずである。これは当然のことで、利益がなければ会社を継続していくことができないからだ。

では、「儲かった＝利益が出た」ということは、どういうことを言うのだろうか。「粗利益？　営業利益？　経常利益？　それとも当期純利益？」、どの利益が出たときに本当に儲かったと言うのだろうか。

当然、当期純利益である。当期純利益は最終的な利益なので、この利益が出て初めて儲かったと言える。経営者の100人中100人が、当期純利益を上げたいと思っているはずだ。

ところで、当期純利益は次のように計算することをおわかりだろうか。

図6【損益計算書の最後の部分】

・・・省略・・・・・・・・・

税引前当期純利益	1,000	
法人税等	▲400	
当期純利益	600	・・・ **本当の利益**

税引き前の利益から法人税等を引いて、初めて本当の利益が出る。こんな簡単な計算式だが、これを理解していない経営者が実に多い。ポイントは、▲印の法人税等である。

本当の利益を上げたい。しかしながら、税金は払いたくない……。これがまったくの矛盾であることは、おわかりいただけるはずである。税金を払った後が、本当の利益だからだ。

利益を上げたいのか、それとも税金を払いたくない＝利益を上げたくないのか。あなたは、どちらだろうか。

次に、内部留保について理解していただきたい。税金を払わないと内部留保が貯まらないと話したが、それでは内部留保とは何を指すかご存知だろうか。

「内部留保とは、会社の中に貯めているお金である」と言う方がいる。もし、そう思っている方がいるのなら、ここで正しい理解をしてほしい。

内部留保とは、税引き後利益（当期純利益）の内、会社内部に残した利益のことを言う。決して現預金の残高を言うわけではない。

一般的には、税引き後利益から株主への配当金を支払った後の利益が、内部留保になる。毎期内部留保した額が、貸借対照表の純資産の部（自己資本とも言う）に、利益剰余金として蓄積されていくのである。

この内部留保を蓄積していくことが、会社を強くしていくことになるのだ。

では、なぜ内部留保を蓄積すると会社が強くなるのだろうか。

図７の貸借対照表を見ればわかるように、内部留保が増えると当然、自己資本が増えていく。貸借対照表は左右のバランスが取れているので、自己資本が増えれば左側の資産が増えるか、

または右上の負債が減ることになる。

すなわち、右側合計に占める自己資本の割合が増えてくるわけである。自己資本とは、返さなくてもいいお金だ。負債は返さなければいけない。この返さなくていい自己資本の割合が増えれば増えるほど、当然、会社の資金繰りは楽になってくることになる。つまり、潰れにくい会社になるのだ。それが、内部留保を蓄積すると、会社が強くなるということなのである。

図7【貸借対照表】

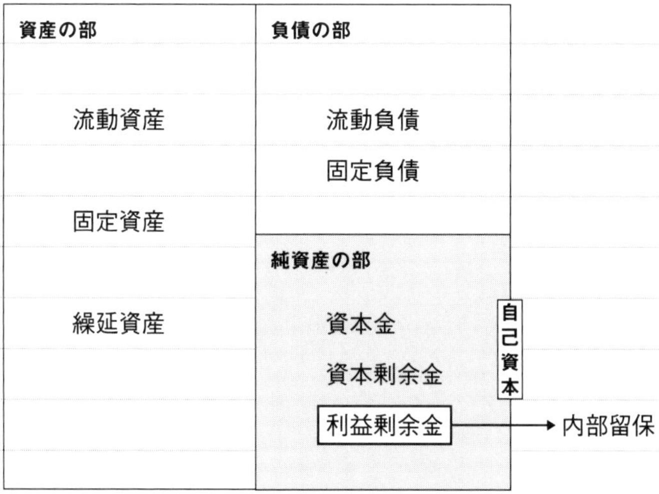

総資産＝総資本

㊸税金を払って強い会社にするためには、資金繰りの改善を徹底するしかない。徹底していけば、必ずキャッシュが残るようになる。

前項を踏まえ、会社を強くするための方法をまとめると、次のようになる。

①会社を強くするためには、内部留保を蓄積していく必要がある。
②内部留保は、税引き後の当期純利益からできている。
③税引き後の当期純利益を上げるためには、利益を上げ税金を払わなければならない。

この三段論法により、「会社を強くするためには、税金を払わなければならない」という意味を理解していただけるのではないだろうか。

しかも、税金を払っていくとお金まで残っていくのである。不思議な感じがするかもしれないが、これは至極当然のことだ。なぜならば、税金は儲かった利益の40％（概算）しか取られない、すなわち60％は残るからだ。

必ずしもキャッシュが残っているとは限らないが、これを続けていくことによって、確実にキャッシュが増えていくことが実感できる。利益を出し続けていけば、一時的に増えていた売掛金なども現金化されてくるからである。

残った60%は、いずれは必ず現金化されてくるということだ。これを信じてほしい。

さて、以上のように会社を強くするためには、税金を払うことが必須条件であることがわかったと思う。しかし、いざ税金を払う段階になると、「払いたくない。何とかならないか」と思ってしまうことが多いものだ。こうした思いに囚われるのは、なぜだろう。

・国が無駄遣いをしているので心情的に払いたくない。税率が高すぎる。
・せっかく苦労して稼いだお金なのに、みすみす持っていかれたくない。
・税金を払うのがもったいなく感じる。

など、いろいろな理由があると思う。1番目の理由は大きな問題ではあるが、日本で仕事をしている以上、日本の法律に従わざるを得ない。これは別途違う場所で議論する問題である。

2番目、3番目の理由については、前項の説明を聞いていただければ、決してもったいないものではない、と思っていただけるだろう。ただし、私の説明を十分理解いただいても、税金を払いたくない場合がある。

まじめに仕事をしている会社が税金を払いたくない１番の理由は、「税金を払うお金がない」ことである。お金があったとしても、それは次の仕入のための資金であったり、開発やマーケティングに使う予定のお金だ。

では、利益が出ているのに、なぜお金がないのだろうか。

それは、会計や税務上の利益は、お金の動きとは連動しないからである。すなわち、売上は立ったがその金額がまだ未回収だったり（売掛金）、仕入れたがまだ売れておらず在庫になっているため、お金がなくて税金を払えないのだ。税金の問題は、資金繰りの問題に大きく関係してくるわけだ。

そこで、節税して税金を減らしたりする。でも、結局はお金が残らないし、強い会社にもなれない。この堂々巡りが続き、いつまで経っても小さい会社のままなのだ。それではあまりにも残念だとは思わないだろうか。

だからこそ、私は税金を払って強い会社になるためには、まずは資金繰りを改善する、財務体質をよくすることが大事だと強調している。

そこで、先ほどの強い会社になる三段論法の最後に、ぜひ次の項目を付け加えてほしい。

④税金を払うためには、資金繰りを徹底して改善する努力を

行う。

これを徹底していけば、税金を払ってもなおかつ60%のキャッシュを残すことができる。すぐにできなくても、何年かかけて資金繰りを改善することで、必ず60%ものキャッシュが残っていくはずだ。ぜひ、それを信じて日々資金繰り改善の努力をしていってほしい。

㊹「ムダな税金」を払ってはいけない。

税法を吟味し、会社経営と照らし合わせた節税を行おう。

会社の発展を後押しする「いい節税」を実行し、「悪い節税」には手を出してはいけない。

前項を読んでいると、「税金を払え、払え」とばかり言っているように聞こえるかもしれない。

しかし、決して節税を全面否定しているわけではない。むしろ、会社の目的を果たしていくために、会社を強くして、潰れないようにしていくためにやるべき節税は、確実にやるべきというのが私の考えである。私はこれを、「節税」と言うよりは、「ムダな税金は払わない」と言っているのだ。

ムダな税金は当然払う必要はないし、一切払ってはいけない。目的もないテクニックだけの節税や、支払うべき税金を減らすことだけを目的とした節税はやってはいけないのだ。

会社の目的はお客様や社会の役に立つことであり、社員を幸せにすることである。税金を減らすことだけが目的の節税は、会社の目的に反してしまうことが多いからだ。

では、どのような節税が、やるべき節税なのだろうか。

まず、通常の企業活動の中で行われる行為は、常に税法の規定を最大限活用して行うことである。これは経理や顧問税理士が常に注意しておくべきことだ。

たとえば、役員給与の額の決め方やその支給方法、交際費や会議費の金額の制限や支払い方、賞与や退職金、福利厚生費、出張費などについて、規定をつくったりして損金処理できるようにすることなどである。

会社が必要であると認めた経費については、早期に確実に損金で落とせるやり方を考える。これは大変基本的なことだが、税務知識がないと不利な処理をせざるを得なくなることもある。

次に、使わなければ消えてしまうような特例を見落とさずに活用することだ。たとえば、固定資産購入時の税額控除、採用や教育研修、試験研究費などの税額控除、役員賞与の事前届出による損金算入、さらに消費税における有利な方式の選択などである。税金ではないが、もらえる補助金をきちんともらうことも申請しなければ消えてしまう。

さらに、会社の目的に反しない範囲で、会社のあり方を変えることで節税になることもある。たとえば、資本金を1億円以下にすることにより、留保金課税の適用が免除されたり、交際費の枠が設けられたり、軽減税率を適用することなどができるのだ。

以上のようなことは、むしろ節税と言わず会社を守っていくためには当たり前のことと言える。要は、税法をよく吟味して、会社の現状や将来像をよく見極めたうえで、会社経営と税法をとことん融合させていこう、ということである。その反対に、会社経営と税法が融合しないものが、悪い節税と言ってもいい。

そして、最後にもう1つ。いい節税は会社の資金の流れをよくしていくものだ。節税をして、会社の大事な資金の流出を少しでも防ぐことによって、資金の流れがよくなっていくのである。

反対に悪い節税は、会社の資金繰りを苦しくするものだ。節税になるからと言って投資した商品や保険などが、会社の資金繰りをどんどん悪くしていくのである。

将来、資金が返ってくると言っても、重要な運転資金が節税に回されているのでは経営とは融合せず、本末転倒の策と言わざるを得ない。いい節税をしていくことで、会社の成長発展を後押ししてほしい。

㊺最も重要な経営指標、それが「自己資本比率」だ。この率を高めるためには、B／S、P／Lともによくしなければならない。

「経営指標の中で何が一番重要か？」と問われれば、私は躊躇なく「自己資本比率」と答える。それだけ、自己資本比率という指標は重要だと思っている。

自己資本比率は言うまでもなく、次の算式で計算される。

$$自己資本比率 = \frac{自己資本（純資産の部合計）}{総資本（負債・純資産合計）}$$

先ほど紹介した図7（147ページ）の貸借対照表を参照していただきたい。右側の総資本に占める自己資本（純資産の部合計）の割合が自己資本比率である。自己資本比率が高ければ高いほど、返さなくていい資金の割合が大きいことを表している。

したがって、この比率を上げることが会社の資金繰りをよくし、会社を安泰にして、強い会社、潰れにくい会社にしていくのである。

では、どのようにしたら自己資本比率を高めることができるのか。それは算式を見ればわかるように次の2つである。

①分子の自己資本を増やす
②分母の総資本を減らす

まず、①の自己資本を増やすことであるが、自己資本である純資産の部は、大きく2つに分けることができる。払い込んだ資本である資本金（資本剰余金も含む）と、利益の蓄積である利益剰余金の2つである。

自己資本を増やすためには、この2つのいずれか、あるいは両方を増やすことだ。資本金を増やすには増資をすることだが、中小企業の場合、これは簡単にできるものではないし、限りがある。

では、利益剰余金を増やすにはどうしたらいいのか。それには、損益計算書において利益を上げなければいけない。損益計算書で計上された当期純利益が、貸借対照表の利益剰余金として内部留保されていくことは、既に話したとおりである。

したがって、増資を検討外とすれば、毎年、毎年の利益をコツコツ蓄積していくこと。これが、自己資本を増やす最も確実な方法なのである。

②の分母の総資本を減らす、とはどういうことだろうか。総資本は、負債と純資産の合計（貸借対照表の右側）であるとと

もに、資産の部の合計（貸借対照表の左側）でもある。

総資本を減らすとは、たとえば遊休固定資産を売却して、その売却代金で借入金を返すというようなことである。資産も減り、負債も減ることにより、総資本が減ることになる。

このように、使わない資産、ムダな資産、滞留している資産などをスリム化していくこと、いわゆる財務リストラを行うことによって総資本は減っていく。その結果、自己資本比率が高まることになるわけだ。

以上のように、自己資本比率を上げるには、増資を除けば、

①利益を上げ、これを内部留保として蓄積していく
②資産のスリム化をはかり、財務リストラを行っていく

この２つに集約される。①が損益計算書をよくすることであり、②は貸借対照表をよくすることである。２つの財務諸表をよくしていくことの結果が、自己資本比率のアップという形で表れるのだ。①は高収益経営を目指すことであり、②は筋肉質で持たない経営を目指すことにつながるだろう。

自己資本比率という１つの指標は、２つの財務諸表にわたって経営の本筋を追求した結果を表すという意味で、私は最も重要な経営指標であると思っている。

㊻「何からすればいいのか?」と悩むのであれば、とにかく自己資本比率をよくすることを考えてほしい。「自己資本比率一本経営」で、資金繰りは楽にできるのだ。

前著『儲かる会計』を出版した直後、その本を読んだ読者の方で、わざわざ関西方面から来ていただいた経営者の方がいた。M工業のM社長である。

M社長は、私が書いた「自己資本比率が重要だ」という内容に大変共鳴し、自分の体験を話してくださった。M社長の経営は、まさに「自己資本比率一本経営」だったのである。

M社長が父親から経営を引き継いだ8年前、M工業の自己資本比率は12.4%という厳しい数字だった。毎月、毎月資金繰りに追われ、社長の仕事はほぼ80%が資金繰り、金策だった。そんなとき、M社長はあるセミナーで、「自己資本比率こそ、会社の財務指標の中で最も重要なもの」であることを教わったという。

財務に決して強くなかったM社長だが、自己資本比率くらいだったら簡単に計算できるということで、そのセミナーを機に、「自己資本比率を上げることだけを財務の目標にして経営を行っていこう」と決意したそうだ。

以来、「自己資本比率を上げるにはどうしたらいいか？」を徹底して考え、次のことを実践したのである。

・不要な資産は売却する、処分する。
・在庫を見直して、徹底的に少なくし、それでも仕事が回るように業務を見直す。
・売掛金は回収条件を見直し、可能な限り早く回収する。
・不良な売掛金は、最大限の回収努力をし、どうしてもダメなものは放棄してでも落とす。
・以後、不良な売掛金を発生させないよう、与信管理を徹底する。
・受取手形は絶対にもらわない。
・借入金を早期に返済する努力をする。
・支払手形を全廃する。
・利益率はともかく、利益額を上げる。
・出た利益は節税せず、税金を払い、内部留保を貯めることに専念する。

M社長は、利益が出てきたときに節税を勧める税理士の首を切ってまで、税金を払って内部留保することに全力をあげてきたそうだ。

話した感じでは、M社長は社交的でも弁舌さわやかでもない。むしろ、不器用な感じであったが、とにかく一途なのである。「自己資本比率」と決めたら、それ一筋で突進したため、みるみるうちに自己資本比率が改善していったというのだ。

M社長が言うには、「自己資本比率が10%では資金繰りが非常に厳しく、40%を超えると少しは楽になり、50%を超えるとかなり楽になる」とのことである。お話を聞いたときの自己資本比率は、なんと60%にもなったという。

実際にやってきた方の話には、本当に説得力がある。にわかには信じられないと思うかもしれないが、本当にそうなった会社があるのはまぎれもない真実なのだ。私自身、「自分の言っていることに間違いはなかった」と、大変嬉しく思ったものだ。

自己資本比率をとにかく上げる。それに向かって考え、行動する。このことだけで、経営はよくなると断言したい。

㊼経営とは、石垣である。小さな売上、小さな商売もないと、成り立たないものなのだ。

会計を業とする立場から見ていて、安定した会社をつくるには「小さいこと、小さい数字を積み重ねていく」ということが、とても大事だと感じる。

業種、業態によっては、大きな売上がドーン、ドーンとたまに入ってきて、それらがないときは売上がまったくないという会社がある。不動産会社や建設会社、ソフトウェア開発やイベント制作などの請負会社や、特注品の製造会社などにそういう会社が多い。

案件が重なると大きく儲かるが、案件が一通り終わってしまうと、急に赤字の会社になってしまう。大きな仕事の間を埋める小さな仕事がないために、極端なアップダウンが描かれる。これでは経営に安定性が欠け、常に不安がつきまとう経営をせざるを得ない。

会社の収益が安定的に上がり、利益や資金繰りも安定させていくには、小さい仕事、小さい収入を多くのお客様から継続して得られるようにしていくことが求められる。一度きりの大きな取引を中心にするのではなく、繰り返し繰り返し買ってもらえるような継続した商売ができる仕組みをつくることだ。

もちろん、商品やサービスがよくないとダメだが、その意味では小売業や飲食業などは本来強いはずである。製造業にしても大きなものをつくるだけではなく、小さなもの、毎日消費するもの、消耗品的なものをつくることによって、繰り返し売上を実現することができる。

「人は石垣」と言うように、「経営も石垣」だと私は思っている。

石垣は大きい石と小さい石がうまく重なりあって、強い石垣ができている。経営も、小さい商売を積み重ねていくと、たまに大きな商売にめぐり逢うことができる。小さい商売を一生懸命継続してやることにより、その延長に大きな商売がめぐってくる——。私には、世の中がそのようになっている気がしてならないのだ。

たくさんの小さい商売と、少しの大きな商売が重なりあって、強い会社になっていく。ぜひ小さい商売、小さい売上を大事に育てていってほしい。それが財務面からも会社を安定させていく秘訣だと考えている。

㊽ ROAは、会社の総合力を計る指標。利益率を追求し、資産を活用し切る経営をすれば、数字は自ずとよくなっていくはずだ。

自分の会社はどれだけ効率的に利益を上げることができているのか。経営者、特にオーナー経営者にとってみれば、一番気になるところであるはずだ。

その一番の関心事を見る指標が、ROAである。ROAとは、総資本利益率のことで、「Return On Assets」の略である。Assets＝総資本（総資産）に対するReturn（利益）の割合ということである。算式で表すと、次のようになる。

$$\text{ROA} = \frac{\text{経常利益}}{\text{総資本（総資産）}}$$

総資本または総資産は、貸借対照表の一番下の合計値であるから、どちらも同じ金額になる。ROAは、その会社の収益力、その会社全体の投資に対する利回りを表している。

すなわち、その会社が調達した総資本（負債および自己資本）を使っていくらの利益を上げられたのか、という率を表している。会社を１つの投資商品と考えれば、まさにその利回りの数字である。

また、総資産から見れば、会社の持てる財産(お金に換算できる財産)を使って、いくらの利益を生み出したか、ということになる。これが収益力だ。

では、ROAはどのくらいあればいいのだろうか。

もちろん会社によって、資産の大小によって比率は変わってくる。しかし、投資利回りと考えれば、寝ていても稼いでくれる金融商品の利回りどころでは話にならない。もっともっと稼いでほしいところだ。

金融商品が5%を目指すのであれば、事業の利回りは最低でも10%はほしい。総資産の少ない会社であれば、20%以上はほしい。

このROAを上げていくためにはどのようにしたらいいのだろうか。このことを考えるために、ROAの計算式を次のように分解してみる。

$$\text{ROA}=\frac{\text{経常利益}}{\text{総資産}}=\frac{\text{経常利益}}{\text{売上高}}\times\frac{\text{売上高}}{\text{総資産}}$$

上記算式は、分母分子にそれぞれ売上高を掛けて、2つに分解したものである。

２つの分数は、何を表しているのだろうか。よく見ていただければ、左が経常利益率で、右が総資産回転率であることがわかる。経常利益率は、ご存知のとおり売上に対する経常利益の率、すなわち、企業の経常的な活動においてどれだけの利益率を上げられたかを表している。

では、右の総資産回転率の意味はわかるだろうか。たとえば、総資産１億円に対して年間売上が２億円だとしたら、総資産回転率は２回転ということになる。持てる総資産を何回転させて売上を上げることができたか、総資産の活用効率を表しているのだ。

この２つ、経常利益率と総資産回転率を掛け合わせた指標がROAということになる。すなわち、ROAを上げるには、損益計算書において高い利益率を上げ、かつ貸借対照表の総資産をフルに活用して何度も回転させる。そういう経営が求められるのである。利益率の追求と、資産をムダなく活用し切る、ということだ。

ただあるだけで活用されていない資産があると、ROAは途端に低下してしまう。損益計算書と貸借対照表の双方に絡んで経営をよくしていく指標であり、言ってみれば会社の総合力を計る指標と言ってもいい。

このROAも自己資本比率と並んで、経営をチェックする重要な指標なのだ。

㊾どんなときでも、やるべきことをやる。

事業がうまくいかない時期も、資金繰りがしんどい時期も、ごまかさず、愚直にやるべきことをきちんとやる。

逃げずに辛抱強く続けていくことができるからこそ、すばらしい会社になることができるのだ。

ここで、ある会社の創業からの成長をご紹介したい。

その会社は、ある上場企業が資本金の半分以上を出資し、同業の中小企業数社が残りを均等に出資して設立された会社だ。経営陣である社長や常勤の役員は、その上場企業から出向で来ていて、各中小企業からも役員が非常勤で入っていた。

「上場企業と中小企業連合の合弁」という特殊な企業形態であったため、創業当初はさまざまな温度差があった。

その上場企業は親会社も立派で、そこから役員も来ているため、最初から都心の高層ビルにオフィスを構えることになった。内装のセンスもよく、高価なオフィス家具を揃えた大変立派なオフィスでスタートすることになったのだ。

中小企業連合のほうは、それぞれ都心から離れた小さいビルなどに事務所があるため、「最初から贅沢すぎる！」という反論があった。当然と言えば当然だろう。

こうして、経費の使い方１つとってみても温度差があり、随分と意見がかみ合わなかったのだ。

事業のほうも最初はなかなか軌道に乗らなかった。当初の設備投資が大きいため、損益分岐点に到達するまで、大変時間のかかる事業モデルでもあった。設立から４年間は赤字決算になってしまい、余計に上場企業対中小企業連合の対立構造が浮かび上がってしまった。

しかし、この会社は上場企業の子会社だけあって、やるべきことはきちんとしていた。事業計画をきっちりつくり、取締役会や株主総会も法律どおりしっかりと運営し、社内法務部が議事録を正確につくって監査も行い、粛々と経営をしていた。

当然、赤字は赤字として正直に出して、ごまかすようなことは一切なかった。そのため、「もうこれ以上は……」という大きな債務超過の状態まで来てしまった。株主の各社は、その会社へ不足資金の貸付けをし、さらに出資した投資有価証券は1円まで評価減をせざるを得ない状況にまでなってしまったのである。

ところが5年目になり、損益分岐点を超えてからは、一気に会社が黒字体質に変貌していった。

この会社はお客様の積み上げモデルの会社だ。お客様の数がある一定数を超えると、そこから爆発的に儲かるようになるビジネスモデルの会社である。

そこからは、今までとはまったく異なった光景になっていく。事業が辛いときでもやるべきことをしっかりとやっていたので、事業が軌道に乗ったときにはものすごくいい方向に向かうのだ。常に事業計画を上回る状態が発生してきたのである。

赤字のときに対立構造もあったため、経費が抑制される仕組みにもなっており、大企業の考えだけでなく、中小企業の考えも取り入れた経営になっていた。利益の出ない辛いときから取締役会や株主総会なども形式的な面もあったが、きっちりと運営してきたので、ガバナンスも非常によく効いている。

不正や粉飾なども一切なく、まじめにやってきたので、いい雰囲気が社内にあるような気がしている。納税の額もかなり大きな数字になってきている。おかげで株主各社は１円の簿価で、ものすごい含み益のある投資有価証券を持つことになったのだ。

いかがだろうか。この会社のように、どんな辛い状況でも、やるべきことをきっちりやっておく。コツコツと大切なことを積み重ねていく。そのような会社が、いずれはすばらしい会社になっていくのではないだろうか。

㊿一度の赤字で、銀行から借りられなくなることはない。本気の黒字化計画を立て、正直に銀行に相談しに行けばいい。

「赤字決算をすると銀行から借りられなくなる」という理由で、粉飾をしてしまう会社は結構多い。しかし、粉飾をしてしまうと、翌期の決算もまた粉飾をせざるを得なくなり、なかなか抜け出せなくなるものだ。

では、どうしたらいいのだろうか。結論は、簡単だ。赤字であれば赤字決算をすればいい。それだけである。

そもそも、赤字が実態なのだから、実態を正しく表す決算にしなければならない。それが当たり前のことで、決算で調整して数字をつくる、黒字にすることはテクニックなどでは決してないのである。この点を勘違いしている人がとても多いような気がしてならない。

しかも、「決算書を赤字にしたら銀行から借りられなくなる」と思っている方もまた実に多いのである。現実はそんな単純ではない。

「赤字になったからと言って、即借りられなくなる」ということは滅多にない。「今までが黒字で、たまたま今年は赤字になってしまった」という程度で借りられなくなることはまずないと言っていい。それで借りられないとすると、何か別な要因があるはずだ。

たとえ赤字になって、債務超過となっても、銀行に正直に話をして相談をし、黒字化の計画を本気でつくると、借りたり書き換えができたりするのだ。銀行は今現在の数字だけでなく、これからの計画や経営者自身も見てくれているのである。

もし、万が一借りられなくなったとしたら、借りなくても経営していく方法を考えるしかない。そのくらいの覚悟を持つことだ。

「資金繰りを改善するあらゆる方法を考える」「回収できていない売掛金を必死で回収する」「在庫を極端に絞ってできる体制をつくっていく」などである。仕入先に話して支払いを少しずつ猶予してもらう、もちろん経費は徹底して削減するなど、実践できることはたくさんあるはずだ。

そして、融資を受けられず、資金繰りが厳しいのであれば、銀行に対する返済をストップするということも考えざるを得ない。いわゆるリスケである。借りられないのであれば、返さない。リスケのやり方については、多くの実務書で解説されているので参考にしていただきたい。

もちろん、一時的にストップするのであり、銀行に提出する計画書に沿って返済を復活することを目指さなければならない。腹を決めて真正面からぶつかれば、やれることはたくさんあるはずなのだ。

粉飾をして黒字にし、偽りの安心感を得るよりも、覚悟を決めて赤字にして、不退転の本気の気持ちで黒字化を目指していくのでは、どちらが早く業績を回復できるかは、容易に想像できる。ぜひ、逃げずに経営に立ち向かい闘っていってほしい。

㉛溜まった膿は、出してしまうと自然に治っていく。人間も会社も同じである。悪いところをすべて出し切れば、あとはよくなっていくだけだ。

最近つくづく思うのは、「膿を出すと治っていく」ということである。もちろん、これはたとえであり、身体のことではなく会社のことだ。膿とは、不良資産や含み損を抱えた投資などを指す。

こうした膿を抱えた会社は結構多いもの。あなたの会社にも膿はないだろうか。化膿してしまった状態なんかになっていないだろうか。

たとえば、「なかなか回収できない売掛金」「載せてはいるけれど売れない在庫」「情で貸してしまった貸付金」「時価が下がり塩漬けになっている有価証券」「含み損があり利用もしていない不動産や会員権」などである。

資産に入ってはいるがなかなか落とせず、イライラの原因になっているようなものが膿である。これらの資産は思い切って落としてしまうか、売却してしまってはどうだろうか。もちろん、売却しなくても本来であれば時価評価をして評価損や引当金を立てなければならないが、中小企業ではそこまでやっていないことが多い。

しかし、売却や放棄などをしてしまえば、損が確定するので、大幅な損が出ることになる。単年度赤字になるかもしれない。場合によっては、累積赤字に転落する可能性すらある。

だが、それが実態であるならば、決算書に表れていないだけであって、実態は累積赤字であり債務超過である。「いずれ回収できるかも」「相場が戻るかも」なんて思っているからなかなか処分できないのだ。

このような状態が長く続いてイライラしているようであれば、落としてしまったほうがよほどマシである。もちろん、売掛金などは回収の努力をとことんしたうえであるが。また、有価証券などは、「元々その金額だったのだ」と割り切ってしまうしかない。

いざ落としてしまえば、とてもすっきりするだろう。気持ちの整理もつき、前を見て新たなスタートを切ることができるはずだ。

もちろん、このような事態に二度とならないようにしようとの反省は必要だが、落としてしまえば意外と明るく反省できるものである。いったん、きれいになったというよりも毀損してしまったバランスシートではあるが、あとはもう治っていくだけだ。

最低の状態に落ちたら、あとはそこから上がっていくだけ。膿を出してしまえば、傷跡は徐々に治っていく。こんなことを書いている当社でも、当社のお客様でも、こういうことを経験してきているのである。

思い切って損出ししてしまった会社は、その後、確実によくなっていくことが多い。それ以前の状況に比べると雰囲気からして変わってくる。その背景には、社長の過去の反省と覚悟を決めた決断があってのことだ。

だからこそ、今、膿を溜めているのであれば、いかにそれを早く出してしまうかを考えていただきたい。反省と覚悟を決めた決断は、必ずよい方向にいくはずである。

⑫「余裕ができたら貯めればいい」では、いつまで経っても余裕資金は貯まらない。余裕がなくても少しずつ貯めていく努力をしよう。

個人でも会社でも、余裕を持って生活する、経営をするためには、ある程度の余裕資金が必要である。ギリギリの状態で経営していたのでは、不測の事態に陥ったときにすぐに行き詰まってしまうからだ。

余裕が出たら貯めればいい、というような単純なことではない。余裕がないときから貯める努力をしていかなければ、なかなか余裕資金は貯まらない。これが、余裕資金のつくり方である。

江戸時代の終わりから昭和まで生きた本多静六《ほんだせいろく》氏は、独自の蓄財法で大学教授でありながら莫大な財産を築き上げた。その要となるのが、本多式「4分の1天引き貯金法」である。

読んで字のごとく簡単な貯金法だ。要は、通常の収入は収入があったときに強制的に4分の1を天引きしてしまい、残りの4分の3で生活をするようにする。有無を言わずに、どんなことがあってもやり続けることがミソである。そして、「臨時収入については100%貯金せよ」ということだ。

これを実践すると、確実にお金は貯まる。しかし、なかなかできないのが、人間である。己の欲望と闘い、相当の決意と覚悟が必要なのだ。本多氏はこう語っている。

「貯蓄生活を続けて行くうえに、一番のさわりになるものは虚栄心である。いたずらに家柄を誇ったり、いままでのしきたりや習慣にとらわれることなく、一切の見栄さえなくせば、4分の1天引き生活くらいは誰でもできるもの」（本多静六著『私の財産告白〈新装版〉』実業之日本社）

これを続けていくためには、見栄が邪魔をするというのである。さらに、次のようなことも述べている。

「とにかくお金というものは、雪だるまのようなもので、初めはほんの小さな玉でも、その中心になる玉ができるとあとは面白いように大きくなってくる。少なくとも4分の1天引き貯金をはじめた私の場合はそうであった。だから私は、確信を持って人にも勧めてきた。どんなにつらい思いをしても、まずは千円をお貯めなさい」（同本）

当時の千円は、今の数千万円のことである。「お金は雪だるま」という発想がおもしろい。逆に言えば、借金もまた雪だるまのように増えていくものである。

本多氏のこの考え方は個人の貯蓄のことだが、会社でも応用できるのではないだろうか。大きな雪だるまをつくるためにも、まずはとにかく数千万円を貯めることから始めてみてほしい。

第6章

社員はこうして幸せにする！

㊸会社は続けていくことに、最大の価値がある。

だから、利益は他でもない「会社自身」に第一に配分する。

会社を大事にしていけば、社員も経営者も守ってくれる。

立派な会社に育てることが、皆の幸せを保証するのだ。

会社を創業して数年、苦労に苦労を重ね、ようやく利益も安定して出るようになり、内部留保も多少はできてきた。継続していく見込みも立ち、自信も生まれ始めている。そろそろ、協力していただいた方々に多少でも報いたい、配分したいと思い始める……。

こうした時期を迎えた経営者は、誰にどのような優先順位で配分していくのがいいのだろうか。配分先としては株主、経営者、社員、社外のお世話になった方々、取引先などが考えられる。

お世話になった方々、取引先には、無理して配分するのではなく、ビジネスの中で相手に恩返ししていけばいい。そうすると残りの利害関係者の優先順位はどう考えたらいいだろうか?

まずは、社員が考えられる。儲からないときでも、安い給与で我慢して働き続けてくれた社員、そのような社員にはまず報いたいところである。しかし、ちょっと儲かり始めたからといって給与をドーンと上げるようでは、その後も継続して払っていける保証はない。上げてあげたい気持ちは理解できるが、長期的に考えると大判振る舞いは避けるべきである。

いったん上げた給与は簡単には下げることはできない。まだまだ安定していない時期には、賞与などの一時金で報いてあげるのがいいだろう。

経営者も同じである。多少儲かったからといって、役員報酬を上げすぎるとあとでボディーブローのように効いてくる。

社長をはじめ役員の場合には、苦しくなれば下げればいいが、いったんお金が家庭に入ると、これまた下げるのは困難になることが多い。多少儲かった程度で生活レベルを上げてしまい、その後高い役員報酬を下げられずに苦しんだ会社は決して少なくないのである。

株主であるが、中小企業の場合、ほぼ株主＝経営者であるため、株主としての配当をすることはあまりない。

では、外部株主がいる場合はどうだろか。当然、利益が出て累損も一掃し、配当可能利益が出てきたら、配当は考えるべきだ。ただし、この配当はあくまでも税引き後の利益をもとに配分するので、一番最後に、ということになる。

近年はもの言う株主、会社は株主のものということを、ことさらに主張する株主も増えてきている。しかし、会社は社員あってのものだ。株主は、会社および社員が幸せになるように温かく見守りながら、一番最後に利益配分を受けるという考え方を持ってほしいと私は思う。

社員を大事にする、幸せにするというのが会社の大きな目的であるが、その幸せと利益配分をどう考えるべきだろうか。利益が出て少し余裕が出てきた時期に最も多く配分すべきところは、実は他でもない「会社自身」である。

まずは、会社に配分する。すなわち「会社の中に貯める」ということだ。社員でも、経営者でも、株主でもなく、まずは会社に配分して、内部留保をどんどん蓄積していく。これが健全経営の肝になってくる。

会社を大事にして第一に考え、社員や経営者にはそこそこ配分して、会社の内部留保を貯めていく。これをぜひ実行してほしい。会社を大事にしていけば、いずれは会社が社員や経営者、ひいては取引先や株主まで守ってくれるのである。

会社は続けていくことに、最大の価値がある。内部留保が潤沢な状態で続けていけば、社員や経営者の将来の生活を必ず守ってくれる。これを信じていくことだ。

目先の利益分配など小さいことにこだわらず、会社を立派にしていくことを考える。まさに、会社は「金の卵を産むガチョウ」になってくれるはずだ。そこまで育てていかないといけない。

自分の利を焦って、金の卵を産むガチョウを殺すようなことをしてはいけないのである。

㊿本気で「お金を稼ぎたい」と思っている経営者というのは、毎日の数字のチェックを絶対におろそかにしない。「いい欲」を内に秘め、闘い続けているだろう。

いい会社をつくり、社員を幸せにしていくための最大の原動力となるものは、その会社や事業を推進していく者、すなわち社長がいい欲を持つことである。さまざまな困難を乗り越えて会社を発展させていくには、やはり欲は必要だと思う。

「こういう会社にしたい。こういう人間になりたい。そして、お金も稼ぎたい」という自分の本音の欲を持っていていいと思う。

ただ、「お金を稼ぎたい」という発言を繰り返していると、「金だけのために仕事をやっているのか!?」などと言われかねないので、その欲を隠している社長は本当に多い。しかし、「お金を稼ぎたい」という欲は決して悪い欲ではない。事業家が事業を始めるときに持つ欲として、当たり前のものだ。

むしろ、それが欠けている社長のほうが問題だ。強い欲や想いがなければ、事業はそう簡単にうまくいかないからだ。

社員が幸せになる会社をつくるには、まずは社長が幸せになることだ。社長が自分の欲や想いを実現できつつあることを感じることだ。

人は自分が幸せを感じられなければ、他の人の幸せを願うことはできない。たとえまだ十分に稼いでいなくても、それに向かって突き進んでいるのであれば、社長は幸せを十分に感じられるものである。それゆえ、まずは社長が幸せになることがいい会社へのスタートになる。

「欲を持つ」と言うと、何か悪いことのように感じられるのは、強欲とか独占欲とか自己顕示欲など、欲はよくない意味で使われることが多いからである。しかし、人間である以上、誰もが欲を持って生きている。

会社においても、「お金を稼ぎたい」という欲もあるが、「事業を通じて世の中をよくしたい。お客様に喜んでもらいたい。社会に貢献したい」という次元の高い欲もあるのだ。「縁あって集まってくれた社員を幸せにしてあげたい」という欲も、社長であれば多かれ少なかれ持っているはずである。

欲を持つこと自体は悪いことではない。「自分だけよければいい」という欲を持つのがよくないのである。先ほどあげた強欲とか独占欲も、「自分だけよければいい」という類の欲だからよくないわけだ。

「自分もよくなり、幸せになり、そして社員も幸せになって、さらにお客様や社会にも貢献していきたい」といういい欲を持つことが大事なのである。そのために、「お金を稼いでいきたい」のであれば、それもまたいい欲と言えるのではないか。

要は「何のためにお金を稼ぎたいか」が重要なのである。それさえ、自分で納得できるものを持っているのであれば、自分に素直にそれを追求していけばよい。

お金を稼げたかどうかがわかるのは、数字である。毎日毎日の売上、経費、利益がわかって初めて儲かったかどうかがわかる。本当に稼ぎたいという欲を持っているのであれば、数字を毎日毎日見たいはずだ。月次など待っていられないだろう。ましてそれが半月も１ヵ月も遅れるような月次決算をやっているとしたら、「本当に稼ぐ気があるのか？」と疑いたくなる。

本当にお金を稼ぎたい、そしていい会社にして、自分も社員も幸せにしたいと思うのであれば、毎日毎日の数字をチェックすることだ。毎日の売上と経費と利益の日計表をつけていき、毎日それらを見ながら、「どうしたら、もっとこの数字をよくしていくことができるのだろう」と考えていく。そして、思いついたことがあれば、即やることが大切なのである。

こうした日々の実践を通じて、社長は儲かる会社、強い会社をつくっていく。いい会社にするには、いい欲から始まるのだと私は思う。「お金を稼ぎたい、お金を稼ぎたい」とばかり思っていた社長が、いつの間にか社員を幸せにする社長に変わっていくのである。

⑮会社の数字をすべて公開することは、社員を信頼することである。

小さな会社、特にオーナー型の会社にとって、社員に数字を公開することはとても勇気のいることである。よくても、悪くても、公開したときの社員への影響を考えてしまうからだ。

数字がよい場合は、「こんなに儲かっているのに、俺たちの給与が安すぎる！」とか、「社長ばかり、いい給与を取っている！」と思われはしないか……。

数字が悪い場合は、「会社はこれで本当に大丈夫なんだろうか？」「偉そうなことを言っているけれど、社長の経営能力は本当にあるんだろうか？」と思われはしないか……。そんな不安を持つ場合が多いのだ。

そして、最も多いと思われる理由は、「見せられない、見せるとマズイ……」というものである。社長の飲み食いやゴルフなど交際費が多いとか、公私混同の費用がたくさん入っているとか、親族にたくさん給与を払っているなど、社長の私的なものが多いのでとても社員には見せられないというものである。

以上のような「見せられない」理由を見て、あなたはどう思うだろうか。経営を真剣にやろうという前向きな理由があるだろうか。上記の不安のほとんどは後ろ向きの理由しかない。

社員に数字を公開するかどうかは、本気で経営をやるかどうかという問題に等しい。つまり、「いい会社にしていこう、社員を幸せにしていこう」と本気で考えるかどうかである。

社員の立場で考えてみるとよくわかると思う。自分たちの仕事の結果、会社がどうなっているのかわからない。結果を知らされていないということは、自分たちは信用されていないのではないか、という社長への疑問を持つはずである。

そして、自分たちが社長から信用されていないと感じたら、責任を持って最後まで仕事をやり抜こうとは誰も思えないだろう。

中小企業の社長たちを前にして、私がこのような話をすると、「うちは見せていますよ」という社長もまた多い。

しかし、その場合の多くは、売上（商品別、部署別、担当別……）だけだったり、粗利までだったりする。また、営業部で集計している数字で、実際の月次損益とは異なるものだったりすることが多い。

私が話しているのは、「社長が見る『月次試算表』のレベルのものを公開しましょう」ということだ。少なくとも経常利益、できれば最終利益まで公開すべきだ。

この公開に踏み切ると、私の事務所の顧問先を見ても、「社員がやる気をなくした」「文句を言ってきた」ということは聞いたことがない。社員が不安に思ったかどうかはわからない。だが少なくとも、社員が真剣に会社のことを考えてくれるようになった、明るく前向きになった、これだけは間違いない。

そして、社長が社員にとても話しやすくなったようだ。「皆もわかっているように、今うちはこういう状態だから、こういうことをやるんだ」ということを堂々と言えるようになる。数字を公開するということは、社員を信頼することだからだ。

こうした公開があってこそ、初めて社員は社長を信頼してくれるようになる。最終利益まで公開しているのだから、隠し事は一切ないということになるからだ。

すべてを公開するためには、社長も公私混同を廃し、社員に堂々と見せられる経理内容にしていく必要がある。社長にとっては多少窮屈になるかもしれないが、会社がステップアップするためには、どうしても必要なことだ。社員たちの信頼を得るためにも、公開できる数字にするために社長自身が自分の心と闘うべきなのだ。

「社員に数字を公開できて初めて『会社』と言える」、私はそう思って仕事をしている。

㊻社長と社員に信頼関係があればあるほど、その会社は儲かる会社だ。両者が「信ずる者同士」でなくして、儲かることはない。

長年、税理士の仕事をしていると、お邪魔する中小企業の社長と社員のやり取りを聞いているだけで、その会社が「儲かっている会社」か「儲かっていない会社」かの違いが何となく見えてくる。

誤解を恐れずに言えば、それは「信頼関係」の強さなのではないかと思っている。社員が社長を人として信頼しているのは当然である。それすらなければ、その社員は遅かれ早かれ会社を去ってしまうだろう。

社長の人間性への信頼以上に大切なことは、社長の方針や戦略、経営の方向性に対する信頼感である。社長が目指す方向に、「よし、俺たちもその方向に向かっていこう！」と思っているかどうかだ。

残念ながらそのような会社は、意外と少ないように思う。社長の目指す方向を信じ、社員が一丸となって仕事をする会社であれば、どんどんいい方向に向かっていくだろう。ガンガン実績が上がり、儲かる会社になっていく。

圧倒的に多いのは、「社長がそう言うから多少違和感はあっても、とりあえずその方向で仕事をする」という会社である。社長に対する絶対的な信頼感がないわけだ。これでは、会社は儲かる方向には進んでいかない。

すべての社員が無理ならば、幹部だけでも社長の方針に対する絶対的な信頼感があれば、会社はいい方向に動いていくものである。

そして、もう1つの信頼関係は、社長が社員を信頼しているかどうかである。社員を信頼していない社長というのが、また意外と多いのだ。いつも社員のことをボロクソに言ったり、ボヤいたりしている社長だ。このような会社では、社員たちの士気が上がらないため、当然、儲からない会社になっていく。

社長と社員の信頼関係があるかどうか。これが組織として「儲かる会社」になるかどうかのキーポイントだと思う。

信頼関係があるからこそ、社長は社員にすべてをオープンにする。信頼関係があるからこそ、チームやプロジェクトの採算を本気で追求しようとする。社員は社長の提示するビジョンを信じて、それを達成しようと努力する。こういう好循環があれば、儲かる会社になっていくのだ。

「儲かる」という字は、信者と書く。「お客様に会社の信者(=ファン)になっていただくことが、儲かる道に通ずるのだ」とよく言われている。それはそれで真理だが、その真理の前に社長と社員がお互いに「信ずる者同士である」ことのほうが重要だと私は思っている。この前提があって初めて、お客様を信者にしていくこともできるからだ。

社長と社員が強い信頼関係で結ばれている会社ほど強くて、気持ちがいい。そして、儲かる会社になれると確信している。

㊾数字の飛び交わない会議に、意味はない。ありとあらゆるものを数字化できて初めて、会社は強くなれる。

「ありとあらゆるものを数字化する。そうでなければ、経営はできない」

京セラで徹底されている考え方である。たとえば、「電気代を減らす」というのであれば、蛍光灯を1本消せば、何分でどれだけの電気代が減るのか。1,000円の電気代を減らすには、蛍光灯を何本どれくらいの時間消せばいいのか検討するのである。

そして、具体的な数字で議論する。それができなければ会議からつまみ出されると言われている。そのくらい数字の厳しさを追求しなければ、過酷なコストダウンに耐えられないというのである。

京セラの数字管理に比べれば、中小企業の数字追及はまだまだ甘いと思う。科学とは、「分解して違いをつくる」ことだと言う。その意味では、月次決算は数字を科学することである。

ありとあらゆるものを数字として表す。その数字の変化を分解することで、どこをどうすれば会社はどう変化するのか、業績はどう変わるのかを考えることだ。数字をベースに具体的な行動につなげていくことが、月次決算の意義である。

これを実現していくには、会社の会議では常に「数字をもって会話する」という習慣をつけていくことが必要だ。各部門長やリーダーが発表する施策や計画、行動はどのような数字の根拠があり、最終的にはどのような数字に結びつくのか、それを必ず話すように習慣化することである。

私は仕事上、さまざまな会社のさまざまな会議に出席する機会があるが、数字が出てこない会議がとても多い。「だいぶよくなってきています」とか、「目標はほぼ達成しています」というような会議の発言が頻繁にされているのだ。

その報告、議論を聞いていて、「これで本当に大丈夫なのだろうか？」と心配になってくる。それを許している社長の姿勢にも問題があるだろう。

数字で会話する習慣を身につけさせるには、まずは社長の会話を変えることだ。何か発表があるたびに、「それで数字的にはどうなるんだ？」と質問をすることである。

全員経営で儲かる会社をつくるためにも、ぜひ会話に具体的な数字を盛り込むことを習慣化してほしい。

⑱月次業績会議で大切なのは、過去の反省よりも、「これからどうするか?」を数字と行動で表すことだ。部署ごとに報告を徹底することで、業績は必ずよくなる。

あなたの会社では、社員を交えた月次業績会議を行っているだろうか。

強い会社・儲かる会社をつくっていくためには、月次業績会議を実施することが必須である。その開催の仕方は千差万別だが、前項でも話したように具体的な数字、そして行動の2つを必ず話すことである。

・どのような数字を目指すのか
・その数字を上げるには、どのような行動をとるか

この2つが大変重要になる。

月次業績会議では、会社全体の数字を取り上げるのはもちろんだが、より重要なのは部署ごとの数字である。外部へ公表する決算報告と違い、数字を上げていくための月次業績会議では、現場の目標数字や行動が重要になってくる。

月次業績会議を価値あるものとするためには、その前提とし

て年度計画がつくられていなければならない。会社全体及び部署ごとの年度計画が必要だ。まずは、その年度計画に対して、先月（翌月初に会議を開催するので）の業績はどうだったのかを各部署から発表してもらうことになる。

ちなみに部署ごとの実績の報告は、経理部門の力は借りるが、できるだけ報告資料は自分たちでつくることだ。経理の資料をそのまま出しているだけでは、なかなか自分たちの数字として実感できないからだ。各部署ごとに、先月の実績と計画との差異の要因などを発表する。

しかし、結果報告だけで終わってはいけない。その結果を受けて、今月はどのように行動していくか、その結果いくらの数字を目指すか、そのことを発表することが実は最も大事なのである。

当月の目標数字の宣言のほうに７割ぐらいのウエイトをかけて発表してもいいのではないか。先月の数字は、報告と反省はしても既に終わってしまったもの。大事なのは、これからどうやって業績を上げていくかである。

もちろん、今月についても年度計画の数字はあるだろうが、それはあくまで期首に立てたものであり、そのときから情勢は随分変わっているはずだ。また、先月までの数字も、年度計画どおりにはなっていないことが多い。だからこそ、毎月毎月やるべき目標数字は、年度計画とは別途に立てるべきである。

先月までの数字が、年度計画を下回っていれば、なおさら計画をキャッチアップするためのアグレッシブな目標数字を立てていかなければならない。

このように、部署ごとに先月の業績報告と反省、今月の目標数字と行動計画、これを毎月毎月、妥協せずに厳しくやっていくと必ず業績はよくなる。ぜひ、やってみていただきたい。

㊾少数精鋭にすることで、利益率を上げ、社員の成長も促せる！

会社が利益を上げていくには、売上を増やしていくとともに、経費を増やさないようにするか、むしろ減らしていくべきだ。

当たり前のことだが、これがそう簡単にはできない。この低成長で、売上は簡単に増えることはなく、経費も一通り削減をしてしまえば、そう簡単に減らせるものではない。

となると、つい人件費に目がいくようになる。給与や福利厚生費などの人件費。これはどんな会社でも、１番目か２番目に多い経費ではないだろうか。会社が生み出す付加価値（粗利益と考えてもいい）に人件費が占める割合は、少ないところでも40％くらいはあるはずだ。

もちろん、付加価値を生み出すのは人なので、そこにお金がかかるのは当然だ。しかし、付加価値の40％も人件費にかかるのであれば、「そのうちの数％でも減らせたら……」という誘惑にかられてしまうのも不思議なことではない。

では、人件費の経費削減については、どのように考えたらいいのだろうか。社員の生活があるので、毎月の給与は簡単には減らせないが、余分に払っている人件費があるのなら、それは減らしてもいいだろう。たとえば、残業代のようなものだ。仕事の効率を上げることによって残業をなくすことができれば、その分の人件費は下がっていく。

それ以外の人件費、特に毎月の給与を減らすことは、通常はやるべきではない。言うまでもないが、マイナス面が大きすぎるからだ。

それよりも、少数精鋭を目指す、ということを考えてみてはどうだろうか。簡単に言えば、10人でやるところを8人でやる、さらに5人でやれるようにする。そうすれば人件費は変わらなくても、1人当たりの生み出す付加価値は1.25倍になり、さらに2倍になっていくのだ。

「そう簡単にはできないよ」と言われるかもしれないが、給与は下げられない以上、1人当たりの付加価値＝生産性を上げていくしかない。たとえ大きく上がらなかったとしても、トライしてみる価値はあると私は思う。その結果、利益が上がっていくのはもちろん、社員の成長も促すことができるからだ。

少ない人数でやるには社員の創意工夫と努力が必要不可欠だ。少ない人数でやり切るために、社員は1つひとつの仕事にきちんと向き合い、闘うことになる。「どうすればいいか？」と考え、創意工夫を続けることにより、社員もいつの間にか成長していくことになるのだ。

少数精鋭を目指していくことで人が育ち、さらに利益率も高くなっていく。まさに、一石二鳥の戦略だ。この少数精鋭戦略で、ぜひ少数繁栄の会社をつくっていただきたい。

⑥⓪会社は大きくなると潰れやすくなるものだ。
もし本当に大きくしたいのであれば、明確な理由を持ち、しっかりとした運営の仕組みをつくる。
そして何より、人を育てることだ。
核となる人を何人も育てて、芯が強くて大きな会社に、ゆっくりなっていけばいい。

よく、「会社を大きくしてはいけない」と言われる。「おできと中小企業は、大きくなると潰れる」という言葉もあるほどだ。それほど、会社を大きくするのは注意すべきだということだ。

では、なぜ会社は大きくなると潰れる、いや潰れやすいのだろうか。

1つには、しっかりとした土台ができていないのに、大きくしようとするからだ。経営をきちんと運営していく仕組み、システムができていない。すなわち、マーケティングから、開発から、人材育成から、今どういう状況にあるのかという経営管理まで、さまざまな機能が未熟なのである。そういうものが未熟なうちに拡大しようとすると、どこかでほころびがでてきてしまうのだ。

一番大きいのは、人材が育っていない、ということだろう。

店長になる人もいないのに、店舗をどんどん出店してしまう。自分で売ることはできても、部下を指導できるスキルもないのに、営業マンをどんどん入れてしまう。現状の数字を迅速にまとめたり、お金の管理や調達ができないのに、どんどん投資案件が増えていく……。このような状況では、どこかで破綻することは火を見るより明らかだ。

また、「会社を大きくしたい」という社長の考え方に問題があったり、慢心があったりする。会社を大きくしたい理由は何なのか。ただ、「目立ちたい」「自分はこんなにすごいんだと思われたい」というだけであれば、これは危険だ。

さらには、ちょっとうまくいったりすると、調子に乗って拡大路線に走ってしまうことがある。「自分はすごいんだ」と勘違いをし、人の言うことも聞かずに突っ走ってしまう社長は、本当に怖い。「会社を大きくしたい」という考えには、危険がたくさん潜んでいるわけだ。

しかし、大きくしては絶対にいけないのかというと、そういうことではない。じっくり、しっかり、大きくしていけばいい。つまり、核となる人を何人もつくって、その人たちがまた下を育てて、少しずつ大きくなっていけばいいのである。

その意味で、会社を大きくしたい場合でも、「少数精鋭戦略」をとっていくことを勧めたい。その部署、その店、その営業所単位で、少数精鋭主義をとっていくのだ。少数精鋭でいろいろなことをやれば、人は育ってくる。人が育ったら、その人がまた別な部署、店をつくっていく。それを繰り返してやっていけば、自然と会社は大きく、かつ、強くなっていく。

だからこそ、どんなに大きな会社であっても、少数精鋭でいくべきだと私は思っている。その少数精鋭グループが集まることで、大きな会社のように見えるのだ。

会社を大きくしたい人は、そういうふうに考えてはどうだろうか。もちろん、会社を大きくしたい理由は何なのか、その答えを社長が明確に持っていることが大前提になることを肝に銘じておいてもらいたい。

⑥①中小企業も、社員のために退職金制度をきちんと整えよう。きついかもしれないが、会社を支えてくれる人たちを大事にする。それもまた、経営者がすべき任務である。

昨今、退職金制度というのは、どんどんなくなってきている。終身雇用という考え方が薄らいできて、「退職後にもらうよりも今の給与でもらいたい」と考える人が増えているからだ、とも言われている。

だが、果たして本当にそうなのだろうか。

弊社は、大企業のサラリーマンの確定申告などを行ったりすることも頻繁にある。住宅を購入した場合など、不動産会社を通じて頼まれたりするからだ。そのときに、併せて退職金の確認をすることがある。

やはり大企業に新卒から勤めていた方などは、かなり高額な退職金をもらっていたりする。さらに、基金や他の退職金制度からも、二重三重にもらえている場合もある。

そういうケースを見ると、多くの人が大企業に行きたいと思う理由もわかる。当然、大企業でも破綻してしまう危険性はあるが、やはり大企業の社員はうらやましい限りである。

では、果たして中小企業はどうなのだろうか、というのが次に考えてしまうことだ。

何十年も会社に勤めて定年退職を迎え、出る退職金はほんのわずかの金額。「自分でもあまり貯蓄をしてこなかった。これから長い老後の生活はどうしよう……」「この会社に勤めていた何十年は、いったい何だったのだ……」、そんなふうに思われたとしたら、とても残念なことだ。

中小企業の社長のほうも、「何とかしてあげたいけれど、日々の資金を回すのが精一杯で、これ以上は出せない……」と、お互いに寂しい思いになるのではないだろうか。

そのようなことにならないように、中小企業ではやはり退職金制度についてきちんと考えておいたほうがいい。退職金でもらうより今の給与に上乗せして、と言っても、大企業はそれをきちんとできるだろうが、中小企業ではそう簡単にはいかない。

退職金がなくなったうえに、給与の上乗せもいつの間にか通常給与になってしまうのが、関の山ではないだろうか。そのような明確な管理・運用はできないだろうと思う。

また、もらったほうも、日々の生活費・教育費に消えてしまい、退職後のために積み立てておく、なんてことができる人は少ないだろう。

だからこそ、中小企業はきちんと退職金制度を設けておくべきだと思うのだ。無理して高額な制度にする必要はない。できるところから始めて、業績がよくなれば少しずつ増やしていくような制度にすればいいのだ。

ただし、預金で退職金を準備しようとしても無理がある。いくら退職金用の預金を別途つくっても、資金繰りが厳しくなると使ってしまうからだ。

そこで、退職金用の原資は外部に積み立てることをお勧めしたい。代表的なのは、中小企業退職金共済と養老保険だ。

それぞれの制度の内容は割愛するが、いずれも全額損金あるいは2分の1損金で、社外に退職金原資を積み立てることができる。それにより、会社が自由に資金繰りに使ってしまうことができなくなる。

会社にとっては厳しい面もあるが、これも経費の1つとして捻出できる財務体質を毎年の努力でつくっていくしかない。長年継続することにより、自社内の資金ではとてもできなかった、社員に喜ばれる退職金制度をつくることができるのだ。

せっかく縁あって入社してくれた社員たちだ。この会社のために一生懸命働いてくれた社員を、どうか大事にしてあげていただきたい。

第７章

経営者の資質を高めよ！

⑥②「うちの会社は大丈夫だ」と、自信満々な経営者が必ずしも成功するとは限らない。
「赤字になるかもしれない」と不安を持つ経営者は、赤字にならないよう必死に努力を重ねていく。
経営者は心配性で臆病なくらいのほうがいい。

顧問先のある会社は、毎期よい業績を残すのだが、決算終了後の報告でいつもその社長は次のようなことを言う。

「北岡さん、今期はよかったけれど、それは○○の特需があったからだ。来期はそれがなくなるので、かなり厳しくなるはずだ。今期ほどの業績は見込めないよ。もしかしたら、赤字になる可能性もある。そのくらい厳しい……」

もちろん、言い方はその期その期で異なるが、だいたい毎回そのような話をする。そして、次の期が終わってみると、すばらしい業績を残している。社長のそのような話を聞くたびに、私はいつも冗談で「社長は狼少年ですね（笑）」と言っている。

決して、その社長は嘘をついているわけではない。本気で、毎期の初めにはそう思っているのだ。この会社はアパレル業界なので、毎年流行があり、本当に先を読むことができない業界ではある。前年売れたものが、今年はパッタリと売れなくなることも多いのだ。

だからこそ、新年度が始まる前はいつも社長は不安に思い、真剣に心配している。役員報酬を払えるかどうか、毎期不安なのでなかなか上げられないでもいる。

しかし、それだけ不安に思っているからこそ、

・前期の○○に変わる、流行りそうな商品は何か
・メインになる商品がない場合は、既存商品をどのように販促するか

・本業を補完する、周辺ビジネスで稼ぐことはできないか
・万が一、売上が下がってしまう場合は、どのように乗り切るか
・万が一、資金繰りが詰まってしまった場合は、どのように調達をするか

ということを、四六時中、必死に考えるわけである。そのための対策を立てて、毎期、実行する。前期のヒット商品の穴を埋めるために、何としてでも赤字にしないために実行するわけだ。

こうした必死の対策が功を奏して、その1年が終わってみると、すばらしい成績を残しているのである。この会社は、社長が毎期、不安に思うからこそ、着実に実績が上がっているのだ。

私が顧問税理士として見ていて、儲かる会社の社長はこのように経営に不安を持っている社長が多い。ある意味、臆病な社長たちばかりである。

世の中の社長のイメージは細かいことは気にせず、豪快で自信満々。不安のかけらもない人物だろうが、実際に儲かる会社の社長は各のごときだ。

現に、営業力抜群の社長で、ガンガン売上を伸ばしていた会社が、専務が退社した途端に2年で倒産したという実例も見ている。この会社の場合は、退社された専務が大変細かく資金か

ら顧客フォローから社員の面倒までみていたのだ。こうした不安な部分を、真剣に危機感を持って対応する人がいなくなったために、アッという間に倒産してしまったのだ。

豪快な社長が会社を伸ばしているのは、その裏に繊細な神経を併せ持つ人物であるか、あるいは上記のように補完するNO.2がいるか、どちらかなのではないだろうか。

⑬ B ／ S は、シンプルに、5 勘定のみ。P ／ L は、頻繁に使うからこそ科目を増やして細かく。それぞれ使い方に応じたものをつくりたい。

貸借対照表（B ／ S）や損益計算書（P ／ L）の勘定科目は、数を少なくしてシンプルにしたほうがいいのか、それともできるだけ細かく見られるように数を増やしたほうがいいのか、よく聞かれる。

正直なところ、見る人が見やすくてそのデータを活用しやすければ、どちらでもいいと思う。重要なのは、それらの財務データを役立てられるかどうかである。

私はどうかというと、見出しにあるように、「B ／ S はシンプルに、P ／ L は細かく」が、いいと思っている。職業柄さまざまな会社の試算表、決算書を見ているが、科目が多い会社が多い。特に、B ／ S の科目が多い会社はわかりづらい。B ／ S は、基本的には、次の「5 勘定」でいいのである。

1. 現金預金
2. 売掛金
3. 商品（在庫）
4. 買掛金

5. 資本金（純資産）

本業に関する科目は、中心にある2、3、4の3つである。

商品を仕入れて、売って、回収し、仕入代金を精算する。これが基本的な営業循環である。この営業循環を処理するのが2、3、4の科目だ。これに、当初の資本金と利益の蓄積（純資産）、それに見合う現金預金を処理する科目があれば、本来は十分なはずである。

ところが、これにさまざまな付随業務や資金繰り活動などがくっ付いて回るので、勘定科目が多くなってしまうのだ。たとえば、手形や借入、社債、未払い、前受けなど……。また、本業以外にいろいろ手を出すので、お金がさまざまなところへ出て行ってしまう。仮払金、立替金、貸付金、投資等である。

これらがあると、得てして管理がルーズになってくる。なかなか精算されずに、バランスシートの見かけが悪くなるとともに、実際のお金も失われてしまうことが少なくない。

科目が少なくシンプルなバランスシートは、本当に気持ちのいいものだ。筋肉質で強い会社のバランスシートは、実にシンプルだ。余分な贅肉がついていない。つまり、余分なことをせず、本業に徹しているからこそシンプルなのだ。また、経営者も公私混同をせず、会社の業務に真剣だからこそシンプルになっている。

ぜひ、そのような会社を、バランスシートを、目指してほしいと思う。

次に、Ｐ／Ｌだが、Ｐ／Ｌはもっと短期に頻繁に使うものである。毎月なり、毎日なり見て、現状を把握するとともに、どのように変えていかなければならないのか、それを検討して対策を立てて、実行するためにＰ／Ｌはある。

したがって、Ｐ／Ｌは、

1. 現状がよくわかるように出す
2. 対策を立てやすく、実行した結果がわかるように出す

この２つを達成するためには、どうしてもある程度は細かくなる。どの科目には、どういう費用が入っているのか、それがわかりやすくなっている必要があるからだ。

そのため、科目を増やすこともあるし、一般的な科目名ではなく、自分たちがわかる科目名を独自につけることもある。そして、会社全体だけでなく、部門ごと、商品ごと、営業所ごとなどに分けて出すことも必要かもしれない。

要はＰ／Ｌは、毎日、毎月、使いこなすことが大事なのだ。活用するほうからどんどんリクエストをして、使いやすいＰ／Ｌをつくっていけばいい。その意味では、経理や経営者主導だけでは、本当に使えるＰ／Ｌはできない。

決算時など、外部向けの資料をつくるときは科目を集約して

損益計算書をつくればいいのだから、月次は実務を重視して細かくやったほうがいいだろう。

Ｂ／ＳもＰ／Ｌも、それぞれ使い方に応じたものをつくることを心がけてもらいたい。

㊹社長は経理に遠慮してはいけない。気になる数字はリクエストして出してもらおう。

会計は、意識して経営に活かさなければならない。そのためには、まずは経営者が月次決算で「何を見たいのか」をはっきりさせることが必要だ。その目的がはっきりしていなければ、せっかく月次決算をやっても効果があまり期待できない。

「何が見たいのか」「何を見るべきなのか」は別に難しいことではない。経営者が経営をする際にどのような数字が必要か、どのような数字をいつも確認したいか、把握しておきたいか、素直に考えてみればいいだけだ。

その数字は売上なのか、粗利なのか、部門別の利益なのか、商品別の利益なのか、いろいろあると思われるが、まずは経営者が素直に見たいものをあげてみてほしい。

経営者は、経理から月次決算書を受け身でもらうのではなく、「こんな数字が見たいので、出してくれ」と言うべきなのだ。会計が苦手だからといって、そういうリクエストをしていない経営者が意外と多い。自分が必要だと思う数字、知りたいと思う数字をどんどん経理に伝えたほうがいい。

経理や会計事務所は、経営に役立つ資料をつくることが仕事なので、リクエストするのは一向にかまわないのだ。

経営者が、経理にいろいろな要求を出すことによって、経理のレベルは確実に高くなっていく。私は、そのような会社をかなりの数見てきた。

社長がさまざまな要求をするので、経理が一生懸命それに応えようと、フォームをつくり、やり方を考えて、すばらしい資料をつくっている会社がある。「こんな資料を短時間で毎月よくつくれるな」と感心するものさえある。

ただし、社長がトンチンカンの場合は、変な資料を要求して、経理の手間ばかりが増えてしまうこともある。挙句の果てに、つくるだけで社長は見ていないということも……。やはり、定期的に作成している資料を見直さないと、無駄な作業が増えてしまうこともあるので要注意だ。

いずれにせよ、社長は経理や月次決算に、常に関心を持っていてほしい。そして、そこから何かをつかむべく、毎月少しの時間でもかまわないので、月次の資料をじっくり見てほしい。もし、少しでもおかしいと思ったことがあったら質問すること。これが大事だ。

経理しかり、担当部門しかり、担当者しかり、その質問をすることで、さまざまな問題が浮き彫りになってくる。これらの問題に対処していくことが、月次決算を経営に活かしていくことにつながってくるのである。何も難しい分析は必要ないのだ。

⑮バランスシートは事業経営の結果ではなく、経営者の意思でつくり上げる。

本小見出しは、「社長の教祖」とも言われる経営コンサルタント故・一倉定《いちくらさだむ》氏の言葉である（一倉定著『一倉定の経営心得』日本経営合理化協会出版局）。

この言葉を初めて目にしたとき、「えっ？」と思ったが、じっくりかみ締めてみると「なるほど、そうか！　そういうことか！」と、非常に感動したのを覚えている。

あなたはどう思うかわからないが、私にとっては「自分はこれをやるべきなんだ！」と義務感をも感じ、自分の使命と思うくらいの衝撃を受けた。

単に決算書をつくるために会計を業務としているのではなく、また税務申告書をつくるためだけに会計や税務を勉強してきたのではない。意思を持ってバランスシートをつくり上げていくことが非常に重要であり、それを経営者に正しく伝えていくことが、私たちの使命ではないかと気づいたのである。

バランスシート（B／S＝貸借対照表）は当然、経営の結果としての数字を表している。それは事実だ。

しかし、単に結果として出てきたのではない。B／Sは言ってみれば、経営者の考え・方針・行動が、すべて凝縮されて表されたもの。経営者そのものが表されていると言っても過言ではない。

在庫が多いと嘆いている社長、「この業界はそういう業界なんだから、在庫を多く持たないといけない」と考え、そのように社員に指示し、結果として在庫が多い経営をしている……。

これはやはり、すべて社長が決めたことではないだろうか。業界のせいにしているが、在庫を持たない経営の仕方だってあるのではないか。あるいは、在庫を持つのが嫌であれば、その業態・業種はやめて転換することだってできる。しかし、それをしなかったのもまた社長の意思なのだ。

売掛金が多いのも、設備投資が多いのも、その結果、借入金が多くなってしまい、自己資本比率が低くなっているのも、すべては社長が決めた方針に沿ってきたからではないか。

「社員が思うように成果を上げないから利益率が低く、財務内容も悪いんだ」と思うのであれば、そのような社員を雇ったのは誰だろうか。入社後もそうならないような教育をしなかったのは誰の方針だろうか。

このように考えていくと、すべては社長の意思・考え方によっている。中小企業の場合、社長の意思がほぼ100%である。当然、日常の意思決定は社員や幹部もしているが、それとて社長の方針・掌の中での話である。その範疇は出ない。出るようなことがあれば、社長がしゃしゃり出て、きっと自分の考えに引き戻すに違いない。

小見出しの言葉を、あなたはそのとおりだとは思わないだろうか。

今のＢ／Ｓをじっくり見てほしい。それが、社長の方針・意思そのものなのだから。ぜひ、社長自ら「自分の意思はこのように表れているんだ！」と思いながら素直にＢ／Ｓを見ると、深く自分を振り返ることができる。

しかし、それで終わってはいけない。今のＢ／Ｓはあくまで過去の結果。これまでの意思の蓄積である。大事なのは、これからだ。将来どうするかということなのである。

Ｂ／Ｓは、経営者の意思でつくり上げるもの。この真の意味は、経営者が自分の意思さえ変えれば、理想のバランスシートをつくっていこうとさえ思えば、そのようにつくり上げていくことができるということだ。これが大事なのである。

今のバランスシートは在庫が多く、回収も遅いので売掛金が多く、手形もあり、おまけに設備投資も過大になっている。そのため、借入金が多く、毎年の償却や金利も多いので、利益が薄くいつまで経っても自己資本比率は低いままである。

では、このような状態のバランスシートをどのように変えていったらいいのだろう。

まず理想的な姿を描いてみてほしい。最終的には自己資本比率はどのくらいを目指すのか決めてほしい。

これをベースに事業をどのように変えていったらいいのか、売り方や商品の構成はどのように見直そうかなど、具体的なビジネスの仕組みを、バランスシートを念頭に考えていくのである。これをこうするとバランスシートはどう変わっていくか、想像しながら考える。そして、実行していくのだ。

このように実践していくと、時間はかかるが理想のバランスシートに変えていくことができる。ドラスティックな財務リストラをやるという方法もあるが、そこまでしなくても、まずは時間をかけて毎期、毎期コツコツと、少しずつよくしていく。この方法がバランスシートを変えていく一番のコツである。

B／Sをよくする、特に自己資本を厚くする。これをやっていけば強い会社になっていく。潰れにくい会社になっていく。そして、その源は社長の意思・想いなのである。

ぜひ、社長の意思ですばらしいB／Sをつくり上げてほしい。

⑯「経営者の器の大きさ」は、会計に真っ先に表れる。

「経営者の器」という言葉を、よく聞くかと思う。会社は「経営者の器」以上には大きくならないとか、「経営者の器」を超えるような社員は入ってこない、などと言われている。

しかし、この「経営者の器」とはいったいどのようなものなのか。この器を大きくすることはできるのか、私には正直よくわからない。

「器が大きい」とは、器というくらいなので、入れ物が大きいということだ。ここからは私なりの想像だが、人や起きた事柄に対する許容範囲が広い、考え方が大きい。考えていることの範囲が広い、包容力がある。ちょっとやそっとのことでは動じない、などが想像される。

その意味で、「大物」と類似しているとも思う。しかし、見た目は大物で豪快でものすごい人に見えても、実は臆病でいざというときに尻込みしてしまう、怖気づいてしまう、セコさが見えてしまうような人も案外多い。

正直、見た目ではこの器はわからない。要は、器は「心の大きさ」を表しているのだろう。

「器の大きさ」の一面は、お金に対する考え方や行動にも表れてくる。

「経営者の器」と言った場合には、会計に対して真っ先に表れてくるのではないかと思う。要はお金に対してセコい経営者は器が小さい経営者、と言って間違いない。

セコいとは、お金に対してズルイ、ごまかそうとする、姑息な手段を使う、操作する、隠す、自分だけのものにしようとするなどだ。これは誰が見てもそうではないだろうか。

このお金に対する考え方、行動が、そのまま会社の会計にも表れている経営者が実に多い。会計の面ではっきりと「経営者の器」が小さいことが表れると、その企業は大きくなりようがない。多くの中小零細企業は、この会計に対する「器」の小ささで、もう十分「大きくなれない企業」という結論が出てしまうのである。

まずは会計に対してセコくならない。公明正大な気持ちで対処する。このような姿勢が、「経営者の器」を大きくしていくために、真っ先にやるべきことだと私は思う。いつまで経ってもセコさが抜けないという経営者が、「会社を大きくしたい」などと言うのは論外なのだ。

会計を正しくやることは、会社の財務の健全化のうえでも重要なことだが、経営者の心を育て、「経営者の器」を大きくするためにもとても重要なことだと、心底、私は思っている。

㊼数字は嘘をつかない正直者。だからこそ、数字を信じられる経営者だけが、数字が伝える真実を正面から受け止められる経営者だけが、会社を伸ばすことができるのだ。

会社を伸ばす社長は「素直」である、という印象を持っている。

自分の考えに凝り固まらず、社員や他人の意見、アドバイスなどを聞く耳を持っている。ただし、最終的には自分の強い意志や考えで決定するのである。「謙虚ではあるが、非常に頑固である」という印象だ。

これは数字、会計の結果に対しても同じだ。月次決算で出てきた数字を素直に読み取っているか、信じているかということである。というのも、社長は月次決算で出てきた数字を意外と信じていない。表面的にはわかっているようなフリをしているが、実はあまり意に介していないことが多い。気にしていないのである。

そんな社長が多いような気がする。「これはどういうことなんだろうか」と、私などは思ってしまう。自分の会社の数字が出ているのに、「まあ、これはこれ。しかし、現実は……」という勝手な割り切りをしているように感じるのだ。

数字を信じていない。だから、真剣に数字を見ようとしないし、意識しようとしない。会社にとって、ものすごく意味のある有用な情報が詰まっているのに、会社がよくなるヒントが隠されているのに、見ようとしないのだ。まったくもって、もったいないと言わざるを得ない。

その原因をいくつか考えてみた。

・会社の会計は正しく実態を反映していない。だから、見てもしょうがないと思っている。
・会計の数字は過去の結果。だから、大事なのはこれからだと思っている。
・数字を見てもよくわからない。だから、見てもしょうがないと思っている。
・そもそも数字は苦手。できるだけ見たくないと思っている。
・会社の状況が悪いのは薄々わかっている。数字で現実を直視したくない。

数字をしっかりと見ない社長、あるいは数字を信じない社長は、おおむねこうした理由で見ないのではないだろうか。社長の気持ちはわからないではないが、しかし正直なところ「数字から逃げている」ということではないか。

会計に限らず、数字というのは正直なものだ。決して嘘をつかない。スポーツの結果でも、健康診断でも、学校の成績でも、視聴率でも、世の中のいろいろなところで数字の結果が出され、それによって動いている。

会計も同じだ。会計の結果を見て、会社をどうするか。どう改善していくのかを考え、軌道修正していくのである。

だからこそ会計をもっと大事にして、その結果を信じ、いや信じられるものにして、常にその結果を見ながら経営をしていく姿勢が求められる。まずは、数字を本気で信じることが大事だ。

本気で信じられるのであれば、その数字は社長にインパクトを与える。「なぜ、こんな数字になったのか」と。その「なぜ」が大事である。

そして次に、「では、どうしたらいいのか」

当然、次は、「よし、このようにしていこう！」で行動するはずである。

「なぜ（原因）」⇒「では（改善）」⇒「よし（アクション）」

この３つを毎月実践したらどうだろうか。毎月毎月、改善の方向が示され、その累積ですばらしい会社になるだろう。

営業関係ならば、毎週、毎月この３つの実践は行っているはずだ。「なぜ、客数が落ちたのか」「なぜ、目標に達しなかったのか」「なぜ、今月は新規が○○件しかなかったのか」などと考えているだろう。これを、会社全体について会計を見ながら行ってほしい。

たとえば、試算表を見て「人件費が多い」とする。今までは、「うーん、確かに多いかも。でも、○○だからしょうがない」と、思っていなかっただろうか。

実は本当に多いとは思っていない。数字上は多くなっているようだけれど、本当は多くないと思っている。認めたくないわけだ。これが、数字を本気で信じていない、せっかくの情報を活かしていないということである。

「なぜ多いのか。本当に必要なのか。減らす方法はないのか」を、数字情報をもとに、あるいはこれに仕事の状況を組み合わせ、真剣に考えてみる。そして、「では、どうしたらいいのか」の対策を出し、「よし、このようにしていこう！」を実行する。実は、いい会社になるかならないかの差は、これだけなのである。

儲かる会社と儲からない会社。いい会社とあまりよくない会社。お金のある会社とない会社など、この差はこんなところから始まってくるのだ。

⑱B／S発想ができるのは、儲かる人。P／L発想しかできないのは、儲からない人。キャッシュフローを瞬時に考えて、儲かる人になろう。

経営コンサルタントの井上和弘氏は、著書『カネ回りのよい経営』(日本経営合理化協会出版局)の中で、こんなことを書いている。

「儲かる業種と、儲からない業種という分け方は本当ではありません。この世の中には、儲かる人と、儲からない人がいるだけだと思います」

ドキッとする社長はいないだろうか。

今まで、「この業種は儲からない」なんて言っていた社長、「その業種が儲からないのではなく、あなたがやっているから儲からないのだ」と言われているようなものだ。

では、儲かる人とはどのような人を、儲からない人とはどのような人を言うのだろうか。

・儲かる人(経営者)→B／S(貸借対照表)発想で、ゆるぎない利益を追いかける人
・儲からない人(経営者)→P／L(損益計算書)発想だけで、目先の利益を追いかける人

Ｐ／Ｌ発想の人は、売りが立ちさえすれば喜んでいる。Ｂ／Ｓ発想の人は、売上を回収して初めて喜ぶ。もう少し言えば、基本的には現金、前金で売ろうとする。絶対に手形などはもらったりしない。現金売りと掛売りでは、天と地の差があることを知っているからだ。

「売上だ。利益だ。利益率だ」と言っているだけでは、Ｐ／Ｌ発想の範疇である。これだけでは、最終的には儲からない。特に経営者の場合は、これだけではダメだ。いくら売上が上がっても、現金にならなければ本当の儲けではない。

また、Ｐ／Ｌ発想の人は、売上を上げるため、事業を拡大するためにすぐに借入れをする。売上を増やすためには、まずは投資をしなければいけない。そのために借入は必要と、安直に考えているからだ。

Ｂ／Ｓ発想の人は、借入金はあとで返済をしなければいけない。そのときのキャッシュフローはどうなるかを、慎重に考えて借入れの判断をする。できれば、借りないでやる方法を考える。

Ｂ／Ｓ発想とは、ある儲け話があった場合に、いくら儲かるのかという損得の話だけではなく（Ｐ／Ｌ発想）、それを行うことによってバランスシートにどのような影響を与えるのか、ということまで考える発想である。

簡単に言えば、キャッシュフローを考えるということだ。キャッシュフロー上、会社全体にどのような影響を与えるのか、これを瞬時に考えられる人が、B／S発想のある人である。

決して難しいことではない。意識すればいいだけのことだ。ぜひ、B／S発想で儲かる人・儲かる経営者になってほしい。

⑲会社を成長させられるのは、個人ではなく、組織として事業をしていく信念がある経営者だ。

会社を成長させる社長とは、「組織として事業をしていくんだ」ということが、最初から明確になっている社長である。

私の場合、職業柄どうしても自分が前面で仕事をしてしまう。税理士といういわば手に職を持つ技術職なので、特にそういう傾向が強いのだろう。自分の技術を直接発揮し、「仕事をしたい、役に立ちたい」と思ってしまうのだ。

もちろん、それはそれで悪いことではない。お客様からも喜ばれるし、やっていても楽しい。しかし、それはあくまで個人なのである。

個人事業であれば、アシスタントを２～３人雇い、個人の技術を発揮すればいいのだが、それでは会社にはならない。一代限りの職人だ。この姿勢で会社をやっていこうとしても、なかなか成長することはできない。

これは税理士などの士業に限ったことではない。会社をつくり、事業を展開させようという方も同じである。自分の技術だけを使い、自らサービスを提供しようというのであれば、たとえ会社であっても個人事業と同じだ。

誤解をしないでいただきたい。「個人事業がダメだ」と言っているのではない。会社を成長させたいのであれば、「個人事業的考え方ではダメではないか」ということである。これは、本人の選択の問題だ。

個人事業でいくのか、会社としてやっていくのか——。形態が個人であろうと法人であろうと、「どちらかを明確に選択しないといけない」ということだ。

再度繰り返すが、会社を成長させる社長とは、「組織として事業をしていくんだ」という気構えが最初から明確にある社長である。最初からこうした考え方を持った社長が当社の顧問先にもいるが、あっという間に会社を大きくしていく。成長させていくのである。

社員の誰もがやる気を持って一丸となってやっていくためにはどうしたらいいかを考え、組織＝人の集団をつくっていく会社が伸びる、大きくなるのである。

ところで、もう１つ言いたいことがある。

「会社を成長させる、大きくする」と言うと、「会社を大きくするのが目的じゃない。いかにお客様に喜んでもらえるかだ」というような意見が必ず出てくる。

もっともだと思う。会社を大きくしても、満足していただけないサービスを行う会社になってしまうのであれば意味がない。

しかし、つい最近、会社を大きくすることの１つの意味がわかった。当社の顧問先のある社長から教わったことだ。

「たとえば、100万人の陸上をする人がいる中で、100mを10秒以内で走れる人は、ほんのわずかだ。だから、そのわずかな人たちは、100万人を代表して、持てる力を振り絞り、より速く走る努力をしないといけない。それがまた新たに挑戦する人を増やしていく。

ビジネスも同じように、社長になる人は、ビジネスマンの中のごく少数。その中でも会社を大きくしていくことができる人は、ごくわずか。だから、その人たちは会社を大きくし、多くの人を雇用できるようにしていくことが必要なんだ。だから、会社を大きくしなさい」

そんなことを話され、胸が熱くなったことを覚えている。

会社を大きくし、もちろんいい技術、サービスを提供し、それを継承し、多くの人に関わってもらう。そのためにも、「会社」はあるのだ。

経営者は、「会社経営は自分の満足のためだけではないんだ」ということを、改めて考えてみてほしい。

⑳会計にも理念がある。

その理念のもとに、経営者は行動を起こし、闘い続けなければならない。

強くて立派な会社にするために、会計理念を持って経営をしていこう。

私の事務所では、「会計理念」（次ページの【中小企業のための『会計理念10ヵ条』】を参照）という言葉を掲げている。

強い会社、儲かる会社、そして継続する会社にしていくために、会計にどのように取り組んでいくか。私たちの考えをまとめたものである。私たちはこの考え方をベースに、自分たちの会社はもちろん、顧問先の経営や会計のアドバイスを行っている。

会社がどんどん伸びているとき、あるいは逆に不況の波を受けて苦しんでいるとき、どんなときもこの会計理念の考え方に沿って会計をしていけば、会計が経営を必ず強力にサポートできると考えている。

しかし、理念はあくまでも理念だ。考え方であり、意義を表すものであり、その人・その会社の思想である。理念に戻ることは大変重要なことだが、さらに重要なのは、それをそのまま実行することだ。

社員は経営者を見ている。言っていることとやっていることが違ったら、どんなにすばらしい理念であっても信じてもらえない。社員は経営者の言葉ではなく、行動を見て判断する。行動にこそ、経営者の本当に考えていることが表れてしまう。

だからこそ、経営者は理念をどれだけ深く想って、どういう行動をするかが問われる。その結果が表れているのが、実は「会計」なのだ。会計は、経営者の考えを反映し、行動した結果を数字で表している。決算書を見れば、経営者の考え、行動がすべてわかってしまうのだ。

「会計にも理念がある」と、私は言っている。経営理念を持って経営をするように、会計理念を持って経営活動を行い、それを正しく会計に反映してほしい。

その結果を見て、自分の行動や考え方が正しかったのか、省みてほしい。その繰り返しが、会社そのものを強くしていく。会計理念に沿った正しい考えで会計をやっていけば、必ず財務基盤も強くしていくことができるだろう。

会計は、結果を数字で見ているだけではない。経営者や社員の考えや行動と密接に結びついている。いや、考えや行動とイコールだ。その意味で、会計は行動学であり、行動するための羅針盤であると言える。

ぜひ、会計をそのような考え方で活用してほしい。

【中小企業のための『会計理念10ヵ条』】

経営のために会計を活かしていくには、次の会計理念１０ヵ条を理解し、実行していくことが重要である。

第１条　経営の実態を表わす数字、真実の数字を直視する

●正しい数字、実態の数字を受け入れることが、経営のスタートである

●会計の数字は、会社の実態を「唯一の真実」として表さなけれ

ばならない

第２条　会計は、いかなる操作もしてはならない

●一度の操作は、二度・三度の操作につながっていく

●会計の操作は、ルール違反であることを認識する

第３条　会計基準プラス本質を見る目で会計処理をする

●会計基準や税法基準だけに囚われず、実態を表す会計をする

●その取引の本質は何か、を考えた会計をする

第４条　経営者の公私混同は、やってはならない

●中小企業の経営問題の90％以上は、経営者の公私混同が原因である

●経営者が公私混同をすると、経営者に迫力がなくなる

第５条　会計をよくすると、会社がよくなる

●経営者が会計数字の重要性に気づけば、会社は必ずよくなる

●正しい会計を行うことにより、会社の利益は確実に上がってくる

第６条　月次決算は、３つのＳを重視する

●月次決算３Ｓとは、スピーディ＆シンプル＆正確、である

●月次決算の正確さとは、経営の判断を誤らせないことである

第７条　数字を社内にオープンにしなければ、会社の成長発展はない

●数字を公開しないと、社員のモチベーションは上がらない

●全社員で数字を共有し、全員経営を行う会社は、確実に成長発展する

第８条　月次決算は、その後の行動に結びつけることが重要である

- それができる詳細なデータ（科目・部門・計画対比）が必要である
- 数字を行動に結びつけるには、実際の仕事の単位ごとに採算を出す

第９条　現金主義経営を目指す

- 儲かったお金はどこに行ったのか？を常に把握しておく
- 利益とキャッシュフローを近づけていく経営をしなければならない

第10条　税金を払わないと、内部留保が貯まらない、会社が強くならない

- 内部留保とは、税引き後利益の累積であることを理解する
- 小さい会社が節税ばかりすると、いつまで経っても大きくなれない
- 税金は、会社を強くするためのコストと考える。最大の社会貢献でもある

北岡修一（きたおか・しゅういち）
東京メトロポリタン税理士法人／ティーエム・コンサルティング株式会社 代表・税理士。
1957年東京都生まれ。1980年立教大学経済学部卒業。同年税理士試験に合格。大学卒業後3年間会計事務所に勤務した後、25歳で独立開業。1990年11月にティーエム・コンサルティング株式会社を設立し、経営コンサルティング業務を行う。2002年11月に税理士事務所を法人化する。中小企業の業績を上げるための「会計のしくみ」づくりコンサルティングを得意とする。月次決算３Ｓ（スピーディー・シンプル・正確）を重視した会計システムを作り、各部門が経営計画を達成するためのフォーマット作成、運用支援、会議等での指導を行う。
また、税理士、社会保険労務士、行政書士等を有し、中小企業経営を全面から支える。
著書に、『ココまでできる 儲かる会計』（日本能率協会マネジメントセンター）がある。

東京メトロポリタン税理士法人／ティーエム・コンサルティング株式会社
〒163-1304 東京都新宿区西新宿6-5-1 新宿アイランドタワー4F
TEL：03-3345-8991 Eメール：kitaoka@tmcg.co.jp
コーポレートサイト http://www.tm-tax.com/
メルマガ「実践！社長の財務」http://www.mag2.com/m/0000119970.html
（毎週月曜日10年間継続配信中！）

2007年4月より、ビジネス異業種交流会「東京メトロポリタン・ビジネス倶楽部」を主宰しており、数多くのビジネス交流成果を上げている。
TMBC公式サイト http://www.tmbc.co.jp/

社長の「闘う財務」ノート

2013年11月4日　第1刷発行

著　者　北岡修一
発行者　長坂嘉昭
発行所　株式会社プレジデント社
東京都千代田区平河町2-16-1
平河町森タワー13階（〒102-8641）
http://www.president.co.jp/
電話　編集（03）3237-3732　販売（03）3237-3731

企画・編集　有限会社アトミック（鮫島 敦・沖津彩乃）、藤代勇人
装丁・本文デザイン　櫻井 浩（⑥Design）
カバーイラストレーション　井塚 剛
印刷・製本　萩原印刷株式会社

ISBN978-4-8334-2066-2 Printed in Japan